COUVERTURE SUPÉRIEURE ET INFÉRIEURE
EN COULEUR

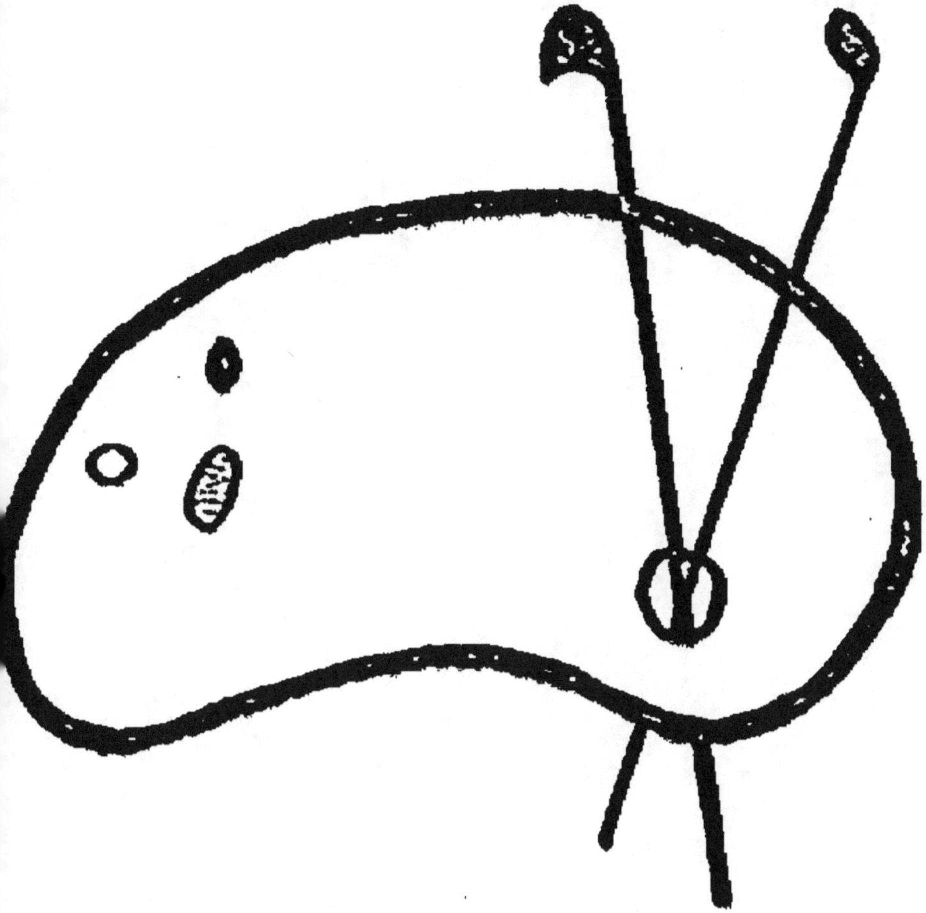

LES BOURBONS

D'ANJOU ET D'ORLÉANS

EXPOSÉ DE LEURS DROITS

AVEC TOUS LES DOCUMENTS A L'APPUI

Par GAZEAU DE VAUTIBAULT

50 CENTIMES

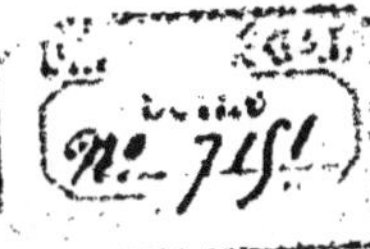

PARIS

NOUVELLE LIBRAIRIE PARISIENNE

E. GIRAUD et Cⁱᵉ, EDITEURS

18, RUE DROUOT, 18

1885

LES D'ORLÉANS

AU

TRIBUNAL DE L'HISTOIRE

Par GAZEAU DE VAUTIBAULT

Cet ouvrage paraîtra en 4 ou 5 volumes in-18 ou 2 forts volumes grand in-8 Jésus. C'est la seule histoire complète qui ait été écrite sur les d'Orléans. En effet la vie du père du Régent, et celles du grand'père et du père de Philippe-Egalité n'avaient jamais, jusqu'à ce jour, été rédigées par aucun historien. Quant à celles du Régent, de Philippe-Egalité et de Louis-Philippe, M. Gazeau de Vautibault a réuni les renseignements personnels de chacun de leurs historiens et les a rassemblés en une seule histoire, qu'il a complétée avec sa propre moisson de faits qui ne sont ni moins nombreux ni moins importants.

Le tome 1ᵉʳ a déjà paru à titre de *spécimen* et sera soumis à la réimpression. « L'auteur, dit *le Siècle* du 6 mai 1880, a mis en lumière dans ce premier volume quatre types (d'Orléans), dont la laideur morale semble n'avoir pas de rivales dans l'histoire ».

Les d'Orléans au Tribunal de l'Histoire seront livrés à l'imprimeur dès que l'auteur aura reçu 300 souscriptions de 20 francs qui représentent les frais de publication. Le versement ne sera appelé que lorsque ces 300 parts auront été intégralement souscrites.

EN PRÉPARATION

L'AGRICULTURE ET LA RÉPUBLIQUE

OU

DES MOYENS A EMPLOYER D'URGENCE PAR LE GOUVERNEMENT

pour doubler rapidement la production agricole et la consommation des produits industriels, commerciaux et ouvriers

Par GAZEAU DE VAUTIBAULT

LES BOURBONS

D'ANJOU & D'ORLÉANS

INTRODUCTION

En 1873, nous avons publié une brochure intitulée : LES BOURBONS DE LA SECONDE BRANCHE AÎNÉE, *héritiers légitimes de M. le comte de Chambord.* Nous l'avons fait pour prouver que toutes les tentatives de fusion n'étaient pas nées viables; qu'à l'instar de ses ancêtres, M. le comte de Chambord regardait les Bourbons d'Anjou comme les héritiers légitimes de sa branche; et que, s'il affectait un mutisme relatif sur ce point, délicat pour lui à toucher, c'était pour ne pas s'aliéner irrévocablement, c'était pour se ménager les d'Orléans sans le concours desquels il lui était difficile de ceindre la couronne de France.

En 1880, dans le tome Ier *spécimen* de notre *Histoire des d'Orléans,* nous avons, au fur et à mesure du cours des événements, mentionné tous les faits historiques qu'a déroulés la compétition des Bourbons d'Anjou et d'Orléans.

Il est acquis maintenant à l'histoire et pour tout homme d'Etat que, jusqu'en 1870, pas un seul personnage marquant n'a jamais osé nier que les droits des Bourbons d'Anjou n'eussent la priorité sur ceux des Bourbons d'Orléans.

Aujourd'hui, deux ans après la mort de M. le comte de Chambord, nous estimons qu'il est urgent de faire paraître cet ouvrage, et nous y sommes incité par deux motifs.

Nous voulons venger en premier lieu la vérité historique, la probité politique et la moralité publique outragées, polluées à Frohsdorf et à Goritz en 1883 par la plupart des chefs légitimistes. Nous savons en effet des bouches les plus autorisées comment ces chefs indignes qui, à l'exception de sept, avaient trahi leur roi en 1873 à Versailles, ont encore trahi sa cause en 1883 devant ses dépouilles mortelles et sur les bords de sa tombe entr'ouverte. Nous savons qu'ils se sont affranchis des moindres convenances vis-à-vis de Madame la comtesse de Chambord, en essayant par tous les moyens de détourner l'exécution des ordres que, conformément aux volontés suprêmes du Roi, elle avait réitérés pour que le char funèbre fût suivi par les princes dans l'ordre de leurs droits à la succession politique.

Nous savons qu'à Goritz, dans le but d'empêcher les royalistes présents d'acclamer les Bourbons d'Anjou, ces partisans de la famille princière la plus véreuse, la plus « tarée, » (1) la plus mal famée du monde entier, ont colporté dans tous les groupes, sympathiques aux Bourbons d'Anjou, des bruits perfides, calomnieux et les plus épouvantablement outrageants contre les personnes de ces différents Bourbons. Nous savons qu'à Frohsdorf, à Goritz et jusqu'à Venise ensuite, ces légitimistes, faisant ostentation du cynisme de leur félonie, ont pris en face même de ces Bourbons des attitudes grossières et stupidement injurieuses. Ils se sont montrés ainsi les dignes fils de leurs pères qui, à la mort de Louis XIV, déchirèrent par participation le testament de ce roi pour passer du côté du soleil levant, du côté du duc d'Orléans, régent, — qui, fin juillet 1789, alors que tout le monde croyait à l'avènement immédiat de Philippe-Egalité, laissèrent un moment Louis XVI isolé dans son palais avec deux fidèles seulement, le comte de Montmorin et le baron de Besenval, — qui, en 1832, à

(1) Nous parlons le langage de l'empereur de Russie, Nicolas Ier disant au duc de Meklembourg qui lui faisait part du mariage de sa fille avec le duc d'Orléans « Vous entrez dans une famille riche, mais singulièrement *tarée.* »

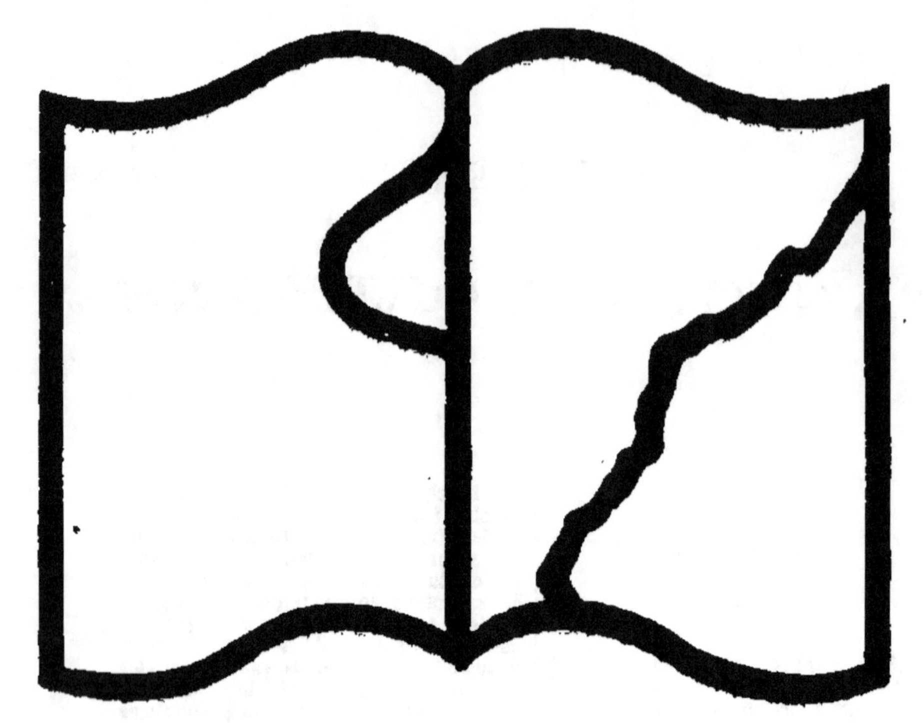

VALABLE POUR TOUT OU PARTIE DU
DOCUMENT REPRODUIT

la chambre des Pairs, votèrent tant princes, ducs et marquis que comtes, vicomtes, barons et chevaliers, l'expulsion perpétuelle et la vente des biens des Bourbons et des Napoléons, — et qui, sous le règne d'un Bourbon ou d'un Napoléon, auraient émis un même vote contre les d'Orléans.

D'autre part, comme républicain, nous persistons à penser en 1885 comme en 1873, que cette publication est d'un intérêt souverain pour la République. De même qu'en 1873, M. le comte de Chambord serait monté sur le trône s'il n'avait pas eu contre lui une importante fraction du parti royaliste (l'Orléanisme), de même en 1885 et pour les années à suivre, les princes d'Orléans auront d'autant moins de chances de revêtir le manteau royal que le parti des Bourbons d'Anjou sera plus nombreux, plus influent et gagnera davantage de terrain sur ses adversaires, sur ses ennemis séculaires.

L'intérêt de l'honnêteté politique, celui de la vérité historique et celui de la République commandent donc à tout républicain de ne pas rester étranger, de ne pas assister impassible aux rivalités des deux maisons d'Anjou et d'Orléans.

Deux partis seuls peuvent se targuer de représenter des principes : le parti républicain et celui de la Monarchie traditionnelle. Les autres, n'en représentant aucun, n'ont par conséquent aucune raison d'être; tel est précisément le cas de l'Orléanisme.

Ces vérités ne sauraient être trop souvent répétées dans notre pays par tous les hommes qui ont une plume à la main pour défendre les principes éternels de la Justice et du Droit.

LES BOURBONS

D'ANJOU ET D'ORLÉANS

La querelle entre les partisans de la maison d'Anjou et de la Maison d'Orléans prend de jour en jour une place plus considérable au milieu de nos luttes politiques. Le meilleur moyen de faire apprécier à leur juste mesure les prétentions de ces deux Maisons de Bourbon est de remonter à l'origine même de la querelle et d'expliquer comment elle prit naissance, en consultant les documents historiques et les historiens les plus accrédités de l'époque. Lorsqu'une question aussi importante a tant occupé pendant tout le cours du siècle dernier les rois, les cours et les peuples de l'Europe, lorsque tous les auteurs d'Histoires de France ont relevé les incidents, les guerres, les négociations, les traités dont elle a été l'occasion, il y a lieu de s'étonner que le souvenir s'en soit effacé presque entièrement dans la mémoire des hommes politiques de notre temps et spécialement des prétendus chefs légitimistes.

De son fils, le grand Dauphin, Louis XIV eut trois petits fils : le duc de Bourgogne (dont le dernier descendant mâle fut Henri V), le duc de Berry (mort sans enfants), et le duc d'Anjou, dont les descendants mâles, actuellement vivants, sont au nombre de 30.

En 1700, le roi d'Espagne, Charles II vint à mourir ayant les Bourbons pour héritiers légitimes. Comment se fit-il que ce fut le duc d'Anjou, et non pas le grand Dauphin (son père, 1661-1711) ou le duc de Bourgogne (son frère aîné), qui monta sur le trône d'Espagne? C'est ce qu'il importe avant tout d'élucider en peu de mots.

Anne d'Autriche (1602-1666) et Marie Thérèse (1638-1683), princesses espagnoles mineures, en épousant Louis XIII (1615) et Louis XIV (1660), avaient renoncé au trône d'Espagne pour elles et leurs enfants. Par suite de ces renonciations, Charles II, roi d'Espagne, étant à la veille de mourir sans enfants, eut scrupule de laisser le trône aux Bourbons, ses héritiers légitimes. Avant de faire son testament, il consulta le pape. Celui-ci rassembla ses cardinaux et les pères et docteurs de l'Eglise. L'avis du Pape fut que les renonciations des dames espagnoles Anne et Marie-Thérèse avaient été faites dans le but d'empêcher la réunion des deux couronnes d'Espagne et de France sur la tête d'un seul Bourbon, — et que par conséquent les renonciations ne seraient pas violées si la couronne d'Espagne passait sur la tête d'un Bourbon et si la couronne de France était sur la tête d'un autre Bourbon, — que dès lors, Charles II était en droit, suivant son désir, de donner par testament la couronne d'Espagne non pas au duc de Bourgogne, à qui devait revenir directement le trône de France, mais à so...

cadet, le duc d'Anjou, le chef de la seconde branche aînée des Bourbons.

Voilà comment le duc d'Anjou alla régner en Espagne (1700) sous le nom de Philippe V et au service de la France. Je prie le lecteur de retenir ce fait capital que le duc d'Anjou, en montant sur le trône d'Espagne, conserva aux yeux de *toute* l'Europe et de *toute* la France ses droits éventuels et ceux de sa race à la couronne de France. Le fait d'occuper un trône étranger n'enlevait aux Bourbons d'Anjou aucun de leurs droits au trône de France, ainsi qu'il en avait été pour Henri III, ex-roi de Pologne, et Henri IV, roi de Navarre (1). Il ne vint à l'idée de personne qu'on pût contester les droits éventuels de la Maison d'Anjou. Ces droits ne faisaient l'ombre d'aucun doute ; ils étaient si bien reconnus unanimement qu'en 1713 les puissances victorieuses firent signer par la force des renonciations partielles à ces droits reconnus de tous en Europe et en France.

Lorsque Philippe V partit pour l'Espagne, Louis XIV lui délivra des lettres-patentes enregistrées en plein parlement, par lesquelles lui et ses enfants mâles conservaient leurs droits éventuels, et l'Europe accepta l'avénement du nouveau roi. Seulement, l'orgueilleux roi-soleil émit plus tard la prétention que les Bourbons d'Anjou auraient aussi le droit, malgré les renonciations d'Anne d'Autriche et de Marie-Thérèse, malgré l'avis du Pape et le testament de Charles II, de réunir sur une seule et même tête les deux couronnes de France et d'Espagne. Les puissances protestèrent contre cette audace de l'ambitieux monarque et se liguèrent contre la France et l'Espagne.

De là, *la guerre de succession*, qui dura de 1701 à 1713, dans le but d'assurer la séparation perpétuelle des deux couronnes.

Pendant toute cette guerre, le duc d'Orléans (le futur régent) eut recours à toutes les infamies contre Louis XIV, Philippe V et la France, afin de se préparer les voies du trône de France ou de celui d'Espagne. Il conspira avec les Anglais. Il se fit battre dans ses commandements des armées françaises d'Italie et d'Espagne, ou bien il donna le moins de suites possible aux victoires des généraux français.

En 1711, des négociations furent entamées, et Louis XIV se déclara prêt à faire renoncer son petit-fils à réunir les deux couronnes sur une seule tête de sa famille. Ces négociations n'étant pas conformes aux aspirations et aux menées du duc d'Orléans, celui-ci eut une idée infernale qu'il mit aussitôt à exécution avec le concours de sa fille aînée et de Dubois, son ancien précepteur. Il empoisonna successivement le grand Dauphin, la grande Dauphine, le duc de Bourgogne (1682-1712), la duchesse de Bourgogne, le duc de Bretagne (leur fils aîné 1708-1712) et le nouveau duc d'Anjou (le futur Louis XV, leur fils cadet) âgé de deux ans. Les dames de la cour se précipitèrent menaçantes chez le duc d'Orléans et le forcèrent à leur remettre un contre-poison pour le nouveau duc d'Anjou (le futur Louis XV) qui fut sauvé et eut néanmoins pendant de longues années une santé des plus aléatoires.

Tous ces crimes firent traîner les négociations, conformément au but du duc d'Orléans. C'est que, désormais, Philippe V et les Bourbons d'Anjou se trouvaient singulièrement rapprochés du trône de France et n'en étaient plus séparés que par un mince filet, un nourrisson royal chétif et maladif. Le duc d'Orléans, Dubois et leurs agents excitèrent les inquiétudes des puissances et leur suggérèrent de réclamer de Louis XIV les garanties les plus strictes pour éviter la réunion des deux couronnes sur la tête d'un seul et même Bourbon.

Les Anglais signifièrent à la France qu'il n'y avait qu'un expédient possible pour assurer cette séparation : c'était des renonciations personnelles et enregistrées des Bourbons d'Anjou à la couronne de France et vice-versa (2). Ils les exigèrent d'autant

---

(1) La plupart des souverains actuels d'Europe sont de nationalité étrangère. — De plus, Napoléon III était fils d'un roi de Hollande. Le prince Jérome est fils d'un ex-roi de Wartemberg. Un frère de Napoléon régna en Espagne. Un Murat régna à Naples. — Dans les mémoires de M. de Polignac, on voit que Louis-Philippe reconnaissait en 1830 que les Bourbons d'Anjou conservaient leur qualité d'héritiers légitimes des Bourbons de France. Quant aux renonciations d'Utrecht, dont il sera question plus loin, il avouait que les d'Orléans ne pourraient les opposer aux Bourbons d'Anjou, si ceux-ci étaient dépossédés du trône d'Espagne, et qu'ainsi le voulait le texte du traité d'Utrecht.

(2) Renonciations, qui auraient du reste le même sens que celles d'Anne d'Autriche et Marie-Thérèse, interprétées comme l'on sait par le Pape, Charles II, les puissances étrangères et la France.

plus rigoureusement qu'elles pouvaient servir d'armes aux d'Orléans pour déclarer. les Bourbons d'Anjou exclus du trône de France, pour se prétendre eux-mêmes devenus les héritiers des Bourbons par l'exclusion de ceux d'Anjou, et pour constituer un parti formidable qui fomenterait en France des divisions intestines et la diviserait, l'affaiblirait au grand profit des Anglais (3). La France répondit qu'au point de vue légal, monarchique et national, de telles renonciations seraient nulles et ne pourraient toucher les droits respectifs de la France et des Bourbons de Bourgogne, d'Anjou, de Berry, du Maine et d'Orléans aux couronnes de France et d'Espagne. Les Anglais répliquèrent que si, en effet, elles seraient nulles au point de vue national et français, elles seraient valables au point de vue international en ce sens que l'Europe, en cas de violation du traité à intervenir, serait tenue de se coaliser à nouveau pour empêcher la réunion des deux couronnes, si contraire à l'équilibre européen. En conséquence, après une reprise des hostilités, on rédigea l'article 7 du traité d'Utrecht qui contient les susdites renonciations, mais accompagnées d'un préambule et d'un épilogue qui leur donnent leur signification.

Ce préambule et cet épilogue disent formellement que la guerre avait eu lieu pour empêcher la réunion des deux couronnes ; que, les renonciations des dames Anne et Marie Thérèse n'ayant pas été suffisantes pour l'éviter, il fallait recourir à des renonciations, des formalités plus rigides pour arriver à ce résultat ; et que tel était le but des présentes renonciations qui ne pourraient avoir pour effet que d'assurer la séparation perpétuelle des deux couronnes.

Après ce traité, tout le monde en Europe, Louis XIV, Philippe V et leurs cours, tous furent d'accord, à l'exception du duc d'Orléans, pour proclamer qu'en cas de mort du maladif futur Louis XV, Philippe V (1683-1746) son oncle serait acclamé roi de France, sauf à lui à céder le trône d'Espagne à un de ses fils pour que l'Europe ne pût intervenir en vertu du traité d'Utrecht. Cette opinion était tellement générale, même sous la régence, qu'en 1717 le régent fit

voter par son vénal conseil de régence, à la suite d'une grave maladie de Louis XV (âgé de 7 ans), qu'en cas de mort du jeune roi, il appartiendrait aux Etats-Généraux de statuer sur les droits respectifs des Bourbons d'Anjou et d'Orléans. Ainsi, les membres du conseil de Régence, quoique vendus au régent, n'osèrent pas contester eux-mêmes les droits des Bourbons d'Anjou et ne voulurent pas faire plus pour leur maître que remettre la solution de la question à une autorité supérieure à la leur, aux Etats-Généraux.

Après la mort du régent (1723), Louis XV, le Dauphin (1729-1765), Philippe V, leurs cours et leurs ministres eurent plusieurs fois l'occasion de se déclarer pour les droits des Bourbons d'Anjou, et c'était aussi l'avis de Louis XVI ainsi que de ses partisans. C'est si vrai qu'en 1789, après trois jours de débats, l'Assemblée nationale décida le 17 septembre qu'en cas d'extinction de la branche de Bourgogne, le trône appartiendrait à la branche sœur d'Anjou par droit de mâle en mâle et par ordre de primogéniture ; cependant, pour ne pas se mettre à dos l'Europe dans les circonstances difficiles d'alors, elle adopta un amendement du député Target qui demandait qu'on ajoutât : *Sans rien préjuger sur l'effet des renonciations d'Utrecht* (1).

Cette opinion était demeurée si accréditée dans toute la France et l'Europe, même sous le premier empire, qu'en 1801 l'empereur Alexandre s'étant adressé à tous les souverains pour fournir une pension honorable à Louis XVIII, que le roi de Prusse en ayant écrit au premier consul, et que Napoléon ayant chargé Talleyrand, qui avait imaginé le projet, de négocier une compensation pécuniaire en échange d'un acte d'abdication, cette mission valut à l'histoire ce mot de Talleyrand : « Les actes de renonciation ne sont point valides d'après les lois de l'ancienne monarchie ; mais ce qui les rendra tels, c'est l'avilissement des individus qui sera complet de cette manière. »

____

(3) Toute l'histoire de France a fourni, depuis ce moment, une longue suite de complots des Anglais et des d'Orléans contre la France.

(1) Cinquante journaux de septembre 1789 que j'ai consultés, y compris celui de Marat dont le premier numéro a paru le 12 septembre, se prononcent tous pour les droits des Bourbons d'Anjou ou bien déclarent que tous les partisans de la royauté reconnaissent les droits de la maison d'Anjou.

Le 7 Avril 1830, le conseil des ministres de Charles X s'est prononcé pour les droits des Bourbons d'Anjou.

De 1830 à 1870, les journaux légitimistes tels que la *Quotidienne* et la *Gazette de France*, leurs rédacteurs, les Michaud, les de Genoude, les Crétineau-Joly, les de Lourdoueix, les O. Véran, les de Riancey, les Laurentie ont rompu des lances en faveur de ces droits.

Le ministre des affaires étrangères, Guizot, dans ses dépêches d'octobre 1846 à lord Palmeston, proteste au nom du conseil des ministres que l'article 7 du traité d'Utrect ne comporte pas de renonciation aux couronnes de France et d'Espagne, mais la renonciation à la réunion des deux trônes entre les mains d'un seul Bourbon.

En 1853, M. de Viel-Castel rapporte dans ses mémoires que les légitimistes sont pour les Bourbons d'Anjou.

Le 20 février 1873, à la suite d'articles publiés dans le *Monde*, par M. de Maumigny pour les Bourbons d'Anjou, le *Figaro* dit : «Diverses lettres nousaffirment aujourd'hui que la théorie pu *Monde* en matière de succession est celle de *tous les vrais légitimistes.»*

Après ces explications historiques, le monde politique d'aujourd'hui comprendra pourquoi tous les historiens et journalistes légitimistes ont jusqu'en 1870 défendu les droits des Bourbons d'Anjou; pourquoi Louis XVIII, le duc de Berry (2), le duc d'Angoulême, Charles X, la duchesse de Berry et la duchesse de Parme (sœur d'Heni) V) ont toujours regardé les Bourbons d'Anjou comme les héritiers légitimes de leur famille; pourquoi Jean de Bourbon, le chef des Bourbons d'Anjou, et Henri V ont épousé les deux sœurs; pourquoi Henri V a marié l'une de ses nièces au fils de Jean de Bourbon, au duc de Madrid; pourquoi il a élevé à ses côtés le jeune Jacques de Bourbon, fils du duc de Madrid, et lui a donné ses premières leçons de chasse et d'équitation; pourquoi, conformément à ses dernières volontés (3), son char funèbre a été suivi en première ligne par les Bourbons d'Anjou, d'après leur ordre non pas de parenté mais de droit successoral politique; pourquoi enfin Mme la comtesse de Chambord conserve dans son cœur les opinions traditionnelles des Bourbons et d'Henri V, leur descendant, sur les droits avérés des Bourbons d'Anjou.

———◆———

PIÈCES JUSTIFICATIVES

Le texte du traité d'Utrecht

Voici le résumé textuel de l'article 7 du traité d'Utrecht, article sur lequel s'appuient les prétentions des d'Orléans :

« La guerre a été allumée *principalement* parce que la sûreté et la liberté de l'Europe ne pouvaient pas souffrir que les couronnes de France et d'Espagne fûssent *réunies sur une même tête*... On est enfin parvenu à *prévenir ce mal* pour tous les temps à venir *moyennant des renonciations* dont la teneur suit (suivent les renonciations)... Il est suffisamment pourvu par la renonciation ci-relative à ce qu'aucun prince des Bourbons de France ou d'Espagne ne *puisse réunir les deux couronnes*, à ce que les couronnes de France et d'Espagne demeurent *séparées et désunies*; de manière que les susdites renonciations et les *autres transactions* qui les regardent subsistant *dans leur rigueur*, ces couronnes ne pourront jamais être *réunies*; ainsi, le roi d'Espagne et la reine de la Grande Bretagne s'engagent, par parole de roi, qu'eux ni leurs héritiers ne permettront qu'il ne soit jamais rien fait capable d'empêcher les renonciations et *autres transactions* susdites d'avoir leur plein et entier effet. »

---

(2) Très souvent, des alliances de famille ont été conclues entre les Bourbons et ceux d'Anjou. Mais les Bourbons auraient cru descendre en épousant jamais une princesse de la *branche cadette* d'Orléans, ou en donnant une de leurs princesses à un cadet d'Orléans.

(3) En 1873, M. le comte de Chambord a permis aux d'Orléans « de reprendre dans la famille des Bourbons le rang qui leur appartient ». Dans sa pensée, ce rang était celui qui leur appartient aujourd'hui, c'est-à-dire la trentième, celui-là même qu'il avait recommandé à sa femme de leur réserver derrière son char funèbre.

Comme on le voit, les renonciations imposées par le traité d'Utrecht ne furent, et l'étranger ne les accepta que comme un expédient imaginé pour assurer la séparation éternelle des deux couronnes de France et d'Espagne, mais laissant intacts les droits éventuels des Bourbons des deux royaumes. Comme le dit l'art. 7 du traité d'Utrecht, la guerre « fut allumée principalement pour empêcher les deux couronnes d'être réunies sur une même tête; » et, la guerre finie, on voulut « prévenir ce mal moyennant des renonciations », qui devaient « suffire pour que les deux couronnes ne pûssent être réunies..., pour qu'elles demeurâssent séparées et désunies ». De sorte que les deux rois Louis XIV et Philippe V, son petit-fils, ne renoncèrent pour eux et leurs descendants qu'à porter les deux couronnes à la fois, mais ne renoncèrent nullement à leurs droits respectifs sur ces trônes qu'ils seraient en droit de céder, comme Charles II, au parent le plus immédiat après l'héritier présomptif. Par exemple, si Louis XV était venu à mourir, Philippe V aurait été en droit d'opter pour le trône de France et de céder celui d'Espagne à son fils aîné ou au cadet; personne, en France ou en Europe, n'aurait protesté, comme on le verra plus loin.

D'autre part, le 29 mars 1830, le roi d'Espagne, Ferdinand VII, qui était dominé par sa femme, Marie-Christine, rendit un décret ou pragmatique sanction, par lequel la loi salique était abolie. Par ce décret, le frère de Ferdinand VII, don Carlos, se trouvait deshérité au profit de la fille que Marie-Christine venait de mettre au monde, Isabelle la Catholique.

Or, pendant les négociations d'Utrecht, Philippe V n'avait voulu consentir aux renonciations que si le traité d'Utrecht assurait à sa postérité masculine l'établissement de la loi salique en Espagne, (loi en vertu de laquelle les femmes sont exclues du trône) et si ses enfants mâles étaient assurés de la couronne d'Espagne.

Sa demande fut acceptée. En conséquence, les Cortès que Philippe V réunit pour recevoir les renonciations votèrent aussi la loi salique. Ce nouvel ordre de succession fut consacré par le traité d'Utrecht et devint dès lors partie essentielle et intégrante du droit public européen.

En effet, l'art. 7 du traité d'Utrecht dit formellement : « ... De manière que, les susdites renonciations et *les autres transactions* (loi salique) *qui les regardent subsistant dans leur rigueur*, les deux couronnes de France et d'Espagne ne pourront jamais être réunies; ainsi, le roi d'Espagne et la reine d'Angleterre s'engagent, par parole

de roi, qu'eux ni leurs héritiers ne permettront qu'il soit jamais rien fait capable d'empêcher les renonciations et *autres transactions* susdites d'avoir leur plein et entier effet. »

Ainsi donc, la loi salique, — rendue conformément aux préliminaires du traité d'Utrecht, dans les mêmes Cortès qui avaient entériné les renonciations des Bourbons d'Espagne, et antérieurement à la conclusion définitive du traité où elles furent insérées, — puis consacrée par le traité lui-même, la loi salique, dis-je, était donc connexe, corrélative aux renonciations; il y avait entre elles, comme le disaient fort bien en 1849 MM. Brossard et de Lourdoueix, un rapport immédiat et d'autant plus rigoureux que c'étaient les renonciations qui avaient rendu indispensables l'abolition de la loi de la Partida et l'adoption de la loi salique, et que, sans elles, la loi salique n'aurait pas été promulguée. Dès lors, l'une des deux clauses ne pouvait être modifiée sans détruire l'autre, et l'abrogation de la loi salique entraînait forcément l'annulation des renonciations. En un mot, comme le dit l'art. 7 ci-dessus, les deux couronnes de France et d'Espagne ne pouvaient être réunies *« tant que les renonciations et les autres transactions qui les regardent subsisteraient dans leur rigueur; »* lorsque « *les renonciations et les autres transactions qui les regardent* ne subsisteraient plus dans leur rigueur, » les deux couronnes de France et d'Espagne pourraient être réunies *sur une seule et même tête.*

Charles X protesta aussitôt contre la pragmatique sanction du vieux Ferdinand VII. Il s'entendit avec les Bourbons de Naples. Mais tous ces pourparlers prirent du temps. La conduite dilatoire de Charles X souleva contre lui tous les philippistes et leurs journaux; ils s'ameutèrent, dressèrent les protestations les plus énergiques et demandèrent les mesures les plus promptes contre un acte qui, disaient-ils, annihilait les renonciations d'Utrecht. Louis-Philippe manifestait des transes comiques. Il en appelait au conseil des ministres et était sans cesse sur pied : « Il me rendait, dit M. de Polignac, ministre en 1830, dans ses *Études historiques*, de fréquentes visites, le matin, me remettait diverses notes prouvant que Ferdinand VII n'avait pas le droit d'abolir un ordre de succession reconnu par l'Europe et garanti par des traités. Il me pressait d'engager le roi à prendre des mesures propres à rétablir les choses en Espagne dans leur ancien état. Comme Français (!) et comme PÈRE, me disait-il, je prends un vif intérêt à cette question. En effet, dans le cas où M. le duc de Bordeaux viendrait à

mourir sans enfants, la couronne revien-
drait à mon fils aîné, *pourvu que la loi salique
fût maintenue en Espagne; car, si elle ne l'était
pas, la renonciation faite par Philippe V au
trône de France, en son nom et au nom de ses
enfants mâles, serait frappée de nullité, puisque
ce n'est qu'en vertu de cette renonciation que les
descendants mâles de ce prince ont acquis un
droit à la couronne d'Espagne; si ce droit leur
est enlevé, ils peuvent réclamer celui que leur
donne la loi salique française à l'héritage de
Louis XIV. Or, comme petit-fils de ce monarque,
ils passent avant mes enfants.* »

Ainsi parlait judicieusement, dans ses notes et verbalement, Louis-Philippe au premier ministre de Charles X, et M. de Polignac ajoute : « Bref, dans sa propre opinion, Louis-Philippe ne se dissimulait pas que, conformément à notre loi salique, méconnaître les droits de don Carlos, c'était, au lieu d'un prétendant à la couronne de France, en opposer dix à la maison d'Orléans. » Aujourd'hui, ils ne sont pas dix, ils sont trente.

Isabelle-la-Catholique ayant succédé à son père en 1833, avec la régence de sa mère Marie-Christine, Louis-Philippe ne voulut pas d'abord reconnaître la royauté de l'usurpatrice; car, selon lui, c'eût été « acquiescer à la pragmatique de mars 1830, la faire sienne, se l'approprier, concourir solennellement à l'abrogation de la loi salique en Espagne, à la violation de l'art. 7 du traité d'Utrecht, à l'annulation des renoncia- tions, mettre légalement entre le trône de France et les d'Orléans tous les mâles de la deuxième branche aînée, et faire revivre leur droit de succession immédiat, en cas de mort de M. le comte de Chambord. »

Mais MM. Thiers et de Broglie s'obsti- nèrent dans une voie contraire, et parvin- rent à surmonter toutes les répugnances de Louis-Philippe.

O. DE V.

Le marquis de Torcy et le traité d'Utrecht

Nous lisons dans les *Mémoires* du marquis de Torcy, le négociateur français du traité d'Utrecht : « La mort des princes français causa tant d'inquiétude à toutes les puis- sances que la reine d'Angleterre elle-même, malgré tout le désir qu'elle avait de conclure la paix, résolut de ne rien terminer jusqu'à ce qu'on eût pris des mesures efficaces pour empêcher que les couronnes de France et d'Espagne ne fussent jamais sur une même tête. La voie des renonciations, si souvent infructueuse, fut regardée par le ministère britannique comme la seule qui pût calmer efficacement ces inquiétudes. Ces ministres déclarèrent que l'unique moyen de dissiper les alarmes était que Philippe consentît à renoncer purement et simplement aux droits de sa naissance et à les céder au duc de Berry son frère. Ils ajoutèrent que, sans cet EXPÉDIENT, la paix devenait impossible, et que les Anglais et leurs alliés ne consen- tiraient jamais à la conclure. »

Les de Noailles, Dom Aubrée et les Bour- bons d'Anjou

Pendant les négociations, en 1712, le maréchal de Noailles fit rédiger par dom Aubrée un mémoire au sujet des renoncia- tions dont il était question (num. 1087 de la collection Moreau. Biblioth. nation.) Nous y lisons : « Ceux qui proposent quelque forme extérieure d'enregistrement pour les renon- ciations la proposent dans la vue plutôt de contenter les ennemis que pour rien établir de solide et de certain... Le simple enregis- trement d'un édit ou d'une déclaration ne semble pas non plus répondre à l'idée qu'on se forme de la grandeur et de l'importance d'une affaire où tout l'État est non seule- ment intéressé, mais dans laquelle toute l'Europe doit trouver sa sûreté. Cette forme commune et employée dans les plus petites occasions, loin d'ajouter à ce que l'on ferait, serait capable d'en diminuer le crédit et l'autorité. »

Le duc de Saint-Simon, Duclos, de Torcy et lord Bolingbroke

« Nos malheurs domestiques (les empoi- sonnements de la famille de Louis XIV) firent naître une difficulté dans les négociations... Si l'auguste et précieux filet (le futur Louis XV) qui, seul, excluait Philippe V du trône de France, venait à se rompre, Philippe V montait de droit sur le trône de France et réunissait ainsi sur sa tête les deux couronnes de France et d'Espagne. Nos ennemis résolurent de prendre toutes leurs sécurités pour empêcher cette réunion. » (*duc de Saint-Simon.*)

Sans contester les droits du petit-fils de Louis XIV au trône de France, en cas de mort de Louis XV, ils exigèrent, comme moyen de sanction de la séparation perpétuelle des deux couronnes de France et d'Espagne, les renonciations des rois de France et d'Espagne, pour eux et leurs descendants, aux trônes d'Espagne et de France. M. de Torcy, le négociateur français, observa à M. Bolingbroke, le négociateur anglais, que ce moyen (les renonciations) d'empêcher la réunion, sur une seule et même tête, des deux couronnes de France et d'Espagne était formellement contraire au droit public du royaume, à la loi de notre succession monarchique et, dès lors, un expédient insuffisant pour prévenir la réunion à éviter (*Duclos*). — M. Bolingbroke convint que les renonciations projetées ne pouvaient avoir assez de valeur pour retirer aux Bourbons de France et d'Espagne leurs droits sur les couronnes d'Espagne et de France, qu'au point de vue des lois françaises elles constituaient vis-à-vis des princes intéressés une illégalité constitutionnelle qui ne les lierait en rien personnellement, mais qu'au point de vue pratique et international, c'était le meilleur expédient pour assurer la séparation perpétuelle des deux trônes par une nouvelle intervention des puissances, et que, du reste, il créerait inévitablement en France des divisions, des factions et des partis. Il ajouta que, si on proposait un autre expédient aussi solide pour assurer la séparation, il l'accepterait (*Duclos et Bolingbroke*).

Les Anglais, poussés par le duc d'Orléans, tentèrent de forcer Louis XIV à faire ratifier les renonciations par les Etats généraux, afin d'engager la nation elle-même. Mais, fidèle aux lois fondamentales du royaume, Louis XIV ne voulut pas reconnaître même aux Etats généraux le droit de changer la succession de la monarchie. Il fit tout pour sauvegarder les principes de la constitution monarchique, et les séparer du fait des renonciations, déclarant qu'agir autrement serait de sa part une usurpation et qu'il n'avait pas le droit de promulguer un nouvel ordre de succession. — Puis, par une déclaration du 13 mars 1713, il se contenta d'autoriser, au moyen de l'enregistrement au parlement, la publicité de ces renonciations émanées d'un libre arbitre autre que le sien et qu'il n'aurait pu ordonner ; et, il eut bien le soin de rappeler que ces renon-

ciations, imposées par l'Angleterre, étaient un fait indépendant de sa volonté.

Le duc de Saint-Simon consacre de longues pages à ce sujet et confirme tout ce qui vient d'être dit. Il fut lui-même un des négociateurs employés par Louis XIV, et chercha à défendre les intérêts du régent dont il avait été, dit-il, l'unique ami au temps des trahisons d'Espagne et des empoisonnements.

Après avoir fait l'historique du sort éphémère des *Traités*, des *renonciations* et des *serments* qui ont *tous* été violés, et narré comment Louis XIV refusa de faire *sanctionner* les renonciations par l'autorité de la Nation, les *Etats Généraux*, M. de Saint-Simon raconte qu'il proposa à ses co-négociateurs l'enregistrement des renonciations en parlement, « étant présents les ducs pairs et *même vérifiés* et aussi les *officiers de la Couronne* ». Mais « le roi ne voulut point entrer dans nos formes ; il ne voulut qu'un *simple enregistrement* des renonciations au parlement et y appeler, tout au plus, les deux princes intéressés et les pairs... Je dis à M. de Beauvilliers, notre président, que cela n'avait *aucune validité*, que *les alliés seraient bien simples s'ils s'en contentaient...*; je lui dis que la renonciation du roi d'Espagne ne recevrait pas le *moindre degré de validité* par l'enregistrement, que Philippe V et sa postérité n'en demeureraient *pas moins dans tous leurs droits* sur la couronne de France... Mais M. le duc de Beauvilliers et le roi ne voulurent entendre que d'un *simple enregistrement*, usité pour tous les traités et qui *n'en avait rendu aucun plus stable*... Les Anglais continuèrent d'alléguer *les violations incessantes des renonciations antérieures*, et en gens aussi attachés que ce peuple aux *formes légales* et juridiques, ils demandèrent celles qui *pourraient valider des renonciations* si honorantes pour eux et toute l'Europe... Le duc *d'Orléans* se concertait avec les *Anglais* pour exiger de Louis XIV des renonciations *solides et irréfragables* qui fussent une garantie pour sa maison ; *il leur démontrait qu'eux seuls voulaient la paix*, que les autres puissances y étaient opposées, que Louis XIV, hors d'état de continuer la guerre avec un royaume épuisé, accepterait toutes les conditions, de guerre lasse... Mais devant les refus *persistants* du roi, les Anglais durent se contenter de renonciations avec simple enregistrement...

« Ce serait répéter inutilement que vouloir représenter de nouveau ce que peuvent être des renonciations à la couronne de France contre l'ordre constant et jamais interrompu depuis Hugues-Capet, sans que la France l'accepte par une loi nouvelle revêtue des formes et de la liberté qui puissent lui acquérir la force et la solidité nécessaire, — que vouloir représenter ce que peuvent être des renonciations de princes qui sont forcés d'assister avec les pairs à la lecture et à l'enregistrement de ces actes, sans qu'on ait auparavant exposé et traité la matière, sans qu'on ait délibéré et opiné. C'est néanmoins ce qui fut fait, pour assurer par là le repos à toute l'Europe...

« Le roi ne voulait même pas que les pairs fussent convoqués pour l'enregistrement. Mais les menées du duc d'Orléans le déterminèrent à les appeler à la séance. Elle eut lieu le 15 mars 1713. »

Alors, l'incomparable duc de Saint-Simon raconte comme quoi le chancelier refusa de la présider et d'y aller, parce que ce qui devait se passer lui semblait peu dans les règles ; comme quoi il y eut 29 princes et ducs en séance et 25 absents, — et un tas de choses très drôles dont il fait la narration avec une verve désopilante et des plus irrespectueuses pour cette burlesque séance.

Le duc de Saint-Simon et Philippe V

Pendant toute la régence, le régent sacrifia toutes les ressources, toutes les richesses, toutes les alliances de la France aux intérêts dynastiques des d'Orléans et à se recruter des amis contre les Bourbons d'Anjou. Il alla même jusqu'à faire la guerre à Philippe V, malgré l'opposition de la France entière. Il n'est pas jusqu'au duc de Saint-Simon lui-même, son intime ami et membre du conseil de régence, qui ne développât au régent, au moment de sa déclaration de guerre (2 janvier 1719) à Philippe V et à l'Espagne, des arguments comme ceux-ci, qui reflétaient exactement l'esprit public :

« Faire cette guerre, disait Saint-Simon, c'est affaiblir le royaume, et agrandir d'autant ses ennemis naturels (les Anglais) ; c'est donner lieu de croire que vous n'employez votre pouvoir précaire que pour votre intérêt personnel, et que vous achetez un appui contre *les droits de Philippe V* à la couronne de France... Et, dans le cas du plus heureux succès, si le petit-fils de Louis XIV, détrôné d'Espagne, rentrait en France pour réclamer la régence que *la naissance lui donne sitôt que son absence cesse de l'en exclure*, et arracher Louis XV, son neveu, et les Français qui l'avaient mis sur

le trône d'Espagne, des mains d'un gouverneur tel qu'il lui plaira de vous représenter — eh bien, moi-même, qui suis à vous de tous les temps, je vous confesse que, si les choses en venaient à ce point, je prendrais congé de vous avec larmes ; je tiendrais le petit-fils de Louis XIV, oncle de notre roi, pour le vrai régent et pour le dépositaire légitime de l'autorité et de la puissance du roi mineur. *Et si, moi, je suis de la sorte, que pouvez-vous espérer de tous les autres bons Français...? »* (*Mémoires de Saint-Simon*).

The sighs of Europe ou les vues de l'Europe en 1713

Voici un indice sommaire des principales matières contenues dans cet important ouvrage anglais de 3 à 400 pages qui parut en 1713, et dont l'auteur fut probablement M. Dumont :

Toutes les précautions de droit prises pour prévenir et empêcher l'union des couronnes de France et d'Espagne ont été jusqu'ici inutiles (pages 31 et suivantes).

La renonciation du duc d'Anjou à la couronne de France n'apporterait aucune sûreté aux alliés (pages 40 et s.).

Le droit public de France y est contraire (pages 45 et s.).

Louis XIV *s'en est déclaré* (pages 52 et s.).

L'intervention du serment n'assurerait pas cette renonciation (pages 54 et s.).

De la question de *la violence* (pages 97 et s.).

Si l'on ne peut pas renoncer à une couronne (pages 104 et s.).

Un testament n'est pas même une loi (pages 160 et s.).

L'Édit de 1717 et les Bourbons d'Anjou

Le régent, voyant que toute la France regardait comme héritiers légitimes les Bourbons d'Anjou, fit voter par le conseil de régence, qui était aussi incompétent que vendu, qu'en cas de mort de Louis XV (âgé de 7 ans), il appartiendrait aux États-généraux de statuer sur l'avènement du nouveau roi. Et il fit ensuite promulguer, au nom de l'enfant roi, un édit que voici et qui a l'air d'un chef-d'œuvre de tartufferie, rédigé par un crocodile :

« Nous espérons que Dieu, qui conserve la Maison de France depuis tant de siècles et qui lui a donné dans tous les temps des marques éclatantes de sa protection (au temps des empoisonnements, par exemple), ne lui sera pas moins favorable à l'avenir, et que la faisant durer autant que la monarchie, il détournera par sa bonté le malheur qui avait été l'objet de la prévoyance du feu roi.

Mais si la nation française (et la Maison d'Orléans) éprouvait jamais ce malheur, ce *serait à la nation même* (menée par le régent) *qu'il appartiendrait de le réparer par la sagesse de son choix* ; et, puisque les lois fondamentales de notre royaume nous mettent dans une heureuse impuissance d'aliéner le domaine de notre couronne (et de rendre le présent édit), nous nous faisons gloire de reconnaître (il avait 7 ans) qu'il *nous est encore moins libre de disposer de notre couronne* (mais les lois fondamentales en disposent) : nous savons qu'elle n'est à nous que pour le bien et le salut de l'Etat (elle devait être au même titre à ses héritiers légitimes), et que par conséquent l'*Etat seul aurait droit d'en disposer* (mais il n'avait pas été consulté pour l'avènement de Louis XV) dans un triste évènement que nos peuples ne prévoient qu'avec peine, et dont nous sentons que la seule idée les afflige.

Nous croyons donc devoir à une nation, si fidèlement et si inviolablement attachée à la maison de ses rois, la justice de ne pas *prévenir le choix qu'elle aurait à faire*, si ce malheur arrivait (le régent parle trop de ce malheur pour ne pas le désirer et au besoin le réaliser au moment opportun) ; et c'est par cette raison qu'il nous a paru inutile de la consulter en cette occasion, où nous n'agissons que pour elle (croyons-en le régent), en révoquant une disposition sur laquelle elle n'a pas été consultée, notre intention étant de la conserver dans tous ses droits, en prévenant même ses vœux, comme nous nous serions toujours crus obligés de le faire pour le maintien de l'ordre public. »

Le terrain choisi par le régent, (l'appel aux Etats généraux), s'offrit à son petit-fils Egalité en 1789. L'Assemblée nationale constituante condamna solennellement les convoitises usurpatrices des d'Orléans. Nous le prouverons dans cette série de pièces justificatives.

———

Sismonde de Sismondi et les Bourbons d'Anjou

De son *Histoire des Français*, nous avons tiré les extraits suivants :

« En décembre 1726, une maladie de Louis XV renouvela l'espérance du roi et de la reine d'Espagne de s'asseoir sur le trône de France, et ils envoyèrent l'abbé de Montgon à Paris pour rassembler *les partisans de la maison d'Anjou* et les réunir contre ceux de la maison d'Orléans. Dans les instructions que Philippe V donna à Montgon, il lui disait : « Que si, ce qu'à Dieu ne plaise, le roi, son neveu, venait à mourir sans héritiers mâles, étant, comme je le suis, le plus proche parent et mes descendants après moi, *je dois et veux succéder à la couronne de mes ancêtres* ». « Je vous donne, disait-il encore, une *lettre de créance de ma main pour le parlement*, pour la présenter à l'instant de la mort du roi, mon neveu, dans laquelle j'ordonne, qu'à l'instant que le cas arrivera, on me proclame roi ». (Page 32, tome XXVIII.)

(Page 349.) « Un double mariage est conclu entre les maisons de France et d'Espagne. La fille aînée de Louis XV, Louise-Elisabeth, est promise à l'infant Philippe de Bourbon, second fils de Philippe V ; et une fille de Philippe V, Marie-Thérèse-Antoinette, est promise au Dauphin, fils unique de Louis XV. Ce dernier mariage fut célébré le 23 février 1745 (le dauphin avait seize ans) ». Le dauphin, étant devenu veuf le 23 juillet 1746, épousa le 9 février 1747 une princesse de Saxe.

(Tome XXVII, page 249.) « A l'égard de la politique extérieure, le régent, sans se soucier des intérêts de la France, ne voulait voir que ce qui se rapportait à lui seul, à sa défiance de Philippe d'Anjou, roi d'Espagne, et à la querelle qui ne pouvait manquer d'éclater entre eux au moment où Louis XV mourrait ; car c'était une idée enracinée dans tous les esprits que ce faible enfant n'avait pas pour longtemps à vivre. Stairs, ambassadeur de Georges Ier, lui avait dit ouvertement « que *deux usurpateurs* aussi voisins (Georges Ier et lui) se devaient *soutenir mutuellement*, puisque *tous les deux* étaient dans le *même cas*, Georges à l'égard des Stuarts, le duc d'Orléans au FAIBLE TITRE des renonciations à l'égard du roi d'Espagne, si un enfant, tout tendre et aussi jeune qu'était le successeur de Louis XIV, venait à mourir ».

(Page 495.) A la mort du régent, le premier ministre, le duc de Bourbon-Condé, se prononça pour Philippe V. A son instigation, Philippe V renonça, le 10 janvier 1724, à la couronne d'Espagne en faveur de son fils Louis, et se retira à Saint-Ildephonse, attendant la mort de Louis XV pour *prendre la couronne de France*. Louis XV étant tombé gravement malade en février 1724, M. le duc travailla à *faire annuler les renonciations*. Benoist XIII ayant reçu la tiare le 29 mai 1724, les cardinaux de Rohan et de Polignac s'entendirent de la part de M. le duc avec lui et son ami, le cardinal Albéroni, pour qu'en cas de mort de Louis XV, « M. le duc pût avoir de l'Espagne le *prince qu'il estimerait le plus convenable* ». Mais Louis 1er vint à mourir le 31 août 1724, et Philippe reprit la couronne le 5 septembre

---

Réponse aux mémoires de Fitz-Moritz

Le régent ayant fait publier sous le pseudonyme Fitz-Moritz (abbé Margon) des Mémoires sur les droits à la couronne des d'Orléans en cas de mort de Louis XV sans enfant mâle, les légitimistes firent rédiger par l'abbé Brigault une réfutation de cet ouvrage sous le titre : *Réponse aux Mémoires de Fitz-Moritz* (juin 1718). En voici le résumé : « On ne peut renoncer à un droit non acquis, à une succession non ouverte; tout le palais retentissait de cette maxime, le jour que la renonciation fut portée au parlement pour y être enregistrée. Les avocats n'auraient qu'une voix là-dessus.

« Pendant tout le cours de la négociation de la paix, les ministres de France, comme ceux de l'Angleterre, sentirent la nullité de la renonciation; personne n'en peut ignorer, puisque les lettres des uns et des autres sont devenues publiques.

« La possession du royaume de France doit être regardée comme un bien dont le prince n'a que l'usufruit, et à la propriété duquel il ne saurait renoncer.

« La nation française, elle, a-t-elle renoncé au droit qu'elle a d'être gouvernée par le plus proche héritier du sang de nos rois, et la renonciation a-t-elle été acceptée et autorisée par les Etats?

« Cette renonciation a-t-elle été absolument libre? N'y a-t-il point eu de violences (Article 1109 du Code civil : « Il n'y a point de consentement valable, s'il a été extorqué par violence ou surpris par vol. ») ? Et la liberté n'est-elle point nécessaire pour rendre valide une action de cette nature?

« L'auteur des mémoires prétend que le duc d'Anjou trouverait chez les Français et chez les puissances étrangères des obstacles pour monter sur le trône de France. Il serait aisé à Philippe V de détacher les puissances de l'Europe des intérêts du duc d'Orléans, en les rendant maîtres de faire tomber la couronne d'Espagne sur la tête d'un prince de sa famille qui leur conviendrait. D'un seul mot, en un moment, il pourrait renverser tous les arrangements faits et déconcerter toutes les mesures prises, toutes les alliances contractées depuis plusieurs années avec tant de soins, tant de peines et de fatigues de la part du régent et de ses ministres. »

Les partis en 1726 et les Bourbons d'Anjou

L'abbé de Montgon, en 1726, fut envoyé en France par Philippe V en qualité d'agent secret pour lui assurer le concours de tous les personnages marquants, en prévision de la mort de Louis XV.

Or, ce Montgon a publié ses mémoires en 9 volumes in-12. On y voit que Fleury, sondé par Montgon, lui déclara avoir toujours reconnu les droits de la Maison d'Anjou, — que le duc de Bourbon-Condé se prononça comme Fleury, ainsi que la duchesse de Bourbon, douairière, — que le duc du Maine (1670-1736) fit de même, — que le maréchal de Villars (1653-1734) ne fit non plus aucune difficulté.

Or le cardinal Fleury, le duc de Bourbon-Condé, le duc du Maine et le maréchal de Villars étaient à la tête des quatre partis qui se disputaient le premier ministère.

Duclos et les Bourbons d'Anjou

Voici le résumé textuel de ce que Duclos, historiographe de Louis XV et membre de l'Académie française, rapporte au sujet des négociations, des renonciations d'Utrecht et de leurs suites :

« L'Angleterre exigea pour les préliminaires de la paix que jamais les couronnes de France et d'Espagne ne pussent se réunir sur une même tête. Il s'agissait donc de faire renoncer Philippe V et sa postérité à la couronne de France. Notre ministre opposa que, par les lois fondamentales de

France, le prince le plus proche de la couronne est l'héritier NÉCESSAIRE ; qu'il succède, non comme héritier simple, mais comme maître du royaume; non par choix, mais par le seul droit de naissance; qu'il ne doit sa couronne ni à la volonté de son prédécesseur, ni au consentement de qui que ce soit, mais à la constitution de la monarchie, à Dieu seul; qu'il n'y a que Dieu qui puisse la changer (les États-Généraux eux-mêmes sont incompétents) et que toute renonciation serait nulle. »

Bolingbroke, ministre anglais, répondit : « ... Celui, en faveur de qui une telle renonciation se fait, peut être soutenu avec justice dans ses prétentions par les puissances qui ont accepté la garantie du traité. L'Angleterre ne consentira jamais à continuer des négociations de paix, à moins qu'on accepte l'EXPÉDIENT (ce n'était qu'un expédient) qu'elle a proposé ou quelque autre aussi solide. »

Le ministre de France ayant protesté, celui d'Angleterre offrit pour Philippe V l'alternative ou de garder l'Espagne et les Indes en renonçant actuellement pour lui et sa postérité au trône de France, *ou bien d'y conserver tous ses droits en cédant la couronne d'Espagne au duc de Savoie et en recevant en échange les royaumes de Naples et de Sicile, la Savoie, le Piémont, le Montferrat et le Milanais.* Louis XIV n'oublia rien pour engager son petit-fils à accepter le dernier parti; mais Philippe V avait reçu trop de preuves de l'attachement des Espagnols pour les abandonner. Louis XIV offrit alors de faire enregistrer au Parlement une déclaration contenant les renonciations. Les Anglais exigèrent la sanction des États Généraux de France. Ils savaient combien les renonciations et les serments avaient déjà été illusoires. Louis XIII les avait faits lors de son mariage avec Anne d'Autriche. Louis XIV les avait renouvelés à la paix des Pyrénées en épousant Marie-Thérèse. Cela n'avait pas empêché l'invasion de la Franche-Comté et des Pays-Bas espagnols, après la mort de Philippe IV. Quelle forme plus sacrée pouvait-on donner aux nouvelles renonciations, sinon la sanction des États généraux?

Cependant l'Angleterre céda, sur les protestations de Louis XIV. Son ministre Bolingbrok fit voir aux alliés que, si la France était jamais assez puissante pour revenir contre ses engagements, rien ne l'arrêterait, mais que l'intérêt des puissances réunies de l'Europe serait la plus sûre des garanties, la force étant toujours entre les princes l'interprète des traités.....

Les principes sont inaltérables. On est GÉNÉRALEMENT PERSUADÉ EN FRANCE que, si

la famille royale, la branche directe venait à s'éteindre, l'aîné de la branche des Bourbons d'Anjou passerait sur le trône de France. On n'est pas moins convaincu que ces deux couronnes ne seraient pas réunies sur la même tête...

On voit dans les lettres du prince de Cellamare que Philippe V, à la mort de Louis XIV, s'était flatté d'obtenir la régence et de la faire administrer en son nom par un représentant. Cellamare sonda les dispositions de tous ceux qui pourraient servir Philippe V dans ses vues. Tous déclarèrent que la proposition seule révolterait la nation, mais aussi ils avouèrent ouvertement que, *si le roi mineur venait à manquer, Philippe V ne trouverait aucune difficulté à passer sur le trône de France.* Cellamare cite, parmi ceux à qui il s'est ouvert, la maison de Condé, le duc de Guiche (colonel des gardes), Courtenvaux (capitaine des Cent-Suisses), le maréchal de Berwick, le cardinal de Polignac, le marquis de Torcy (secrétaire d'État), le duc de Noailles, le maréchal d'Estrées, etc. »

G. DE V.

Voltaire et les Bourbons d'Anjou

Voici des extraits de ce qu'écrit Voltaire, dans le *Siècle de Louis XIV, sur la guerre de succession* et le *traité d'Utrecht.* Ils confirment tout ce que nous avons déjà dit sur la question :

« Le testament de Charles II (en faveur du duc d'Anjou, Philippe V) portait expressément que la France et l'Espagne ne seraient jamais réunies sous un même souverain.

Charles II mourut le 1er novembre 1700.

Louis XIV accepta le testament le 11 novembre 1700.

En février 1701, Guillaume, roi d'Angleterre, et la Hollande écrivirent à Philippe V comme au roi légitime d'Espagne.

L'empereur d'Allemagne (qui prétendait être l'héritier légitime) n'osa que se plaindre.

L'électeur de Bavière adhéra, ainsi que le duc de Mantoue.

De Gibraltar à Anvers et du Danube à Naples, tout paraissait être pour les Bourbons. (Toute l'Europe reconnaissait donc les droits des Bourbons d'Anjou).

Mais Jacques II étant mort à Saint-Germain le 16 septembre 1701 et Louis XIV ayant reconnu son fils pour roi d'Angleterre,

Guillaume, roi d'Angleterre, déclara la guerre à Louis XIV et l'empereur d'Allemagne se réunit à lui.

Au commencement de 1709, on découvrit un *complot du duc d'Orléans* qui voulait s'emparer du trône d'Espagne. Ses agents furent emprisonnés en Espagne. Le Grand Dauphin demanda en plein conseil qu'on fit le procès au conspirateur. Mais dans ce temps où son petit-fils (Philippe V) touchait à sa ruine, Louis XIV aima mieux ensevelir dans le silence le complot de son neveu. (Deux ans après, le Grand Dauphin était empoisonné, et tous ses fils et petits-fils après lui.)

Lors des négociations, en 1712, le ministère anglais exigea d'abord que Philippe V renonçât à ses droits sur la couronne de France *qu'il avait toujours conservés* (quoiqu'occupant un trône étranger).

Il n'y a point encore de *loi reconnue* (c'était l'avis de tous les contemporains) qui oblige les descendants à se priver du droit de régner auquel auront renoncé leurs pères.

Ces renonciations ne sont efficaces que lorsque l'intérêt commun continue de s'accorder avec elles. Mais enfin elles calmaient, *pour le moment présent*, une tempête de douze années ; et il était probable qu'un jour plus d'une nation réunie soutiendrait ces renonciations, devenues la base de l'équilibre et de la tranquillité de l'Europe (faites pour éviter la réunion de deux trônes puissants, les renonciations n'avaient donc qu'une valeur internationale). »

Plusieurs années après, dans son *Précis du règne de Louis XV*, Chapitre XIX, Voltaire déclare que *les Bourbons d'Anjou font toujours partie de la Maison de France.*

Comme on le voit, Voltaire, comme tout le monde, était pour les Bourbons d'Anjou. Et Voltaire n'est pas suspect. Car il allait souvent, rapportent les *Mémoires de Bachaumont*, aux représentations des théâtres de N. le duc d'Orléans, surnommé le *Gros-Philippe* (père de Philippe-Egalité et petit-fils du régent. 1725-1785), qui recevait à genoux ses hommages. Voltaire, lui aussi, se jetait à ses genoux, par exemple le 31 avril 1778, à une représentation de la Montesson (femme du duc d'Orléans), où il jouit des mêmes honneurs qu'à la Comédie-Française, le couronnement excepté.

Entre le traité d'Utrecht et la mort de Louis XIV

On sait qu'avant les renonciations du traité d'Utrecht, les Bourbons d'Anjou étaient reconnus, bien qu'ils occupassent un trône étranger, comme *héritiers légitimes* des Bourbons de Bourgogne *par toute la France*, par les *d'Orléans eux-mêmes* et par *toute l'Europe.*

Les d'Orléans n'ont jamais pu invoquer contre les Bourbons d'Anjou que les renonciations, alors qu'elles sont illégales, alors qu'elles ont eu pour but seul la séparation des deux couronnes d'Espagne et de France, alors que d'ailleurs toutes les clauses du traité d'Utrecht, ayant été violées depuis 1713, entraînent l'annulation des renonciations qui ont été faites « *de manière*, dit l'art. 7, que les *susdites renonciations et les* AUTRES TRANSACTIONS, *qui les regardent* (par exemple l'établissement de la loi salique en Espagne), *subsistant* DANS LEUR RIGUEUR, *les deux couronnes ne pourront jamais être* RÉUNIES. »

Nous empruntons au tome Ier de notre *Histoire des d'Orléans* quelques passages qui démontrent, par des faits, que Louis XIV et sa cour et la France continuèrent, après les renonciations du traité d'Utrecht, à regarder les Bourbons d'Anjou comme les héritiers légitimes.

« Peu de temps après, le duc de Berry (frère du duc de Bourgogne et du duc d'Anjou) ayant été empoisonné (par les d'Orléans) et le jeune Dauphin (Louis XV) continuant à jouir d'une santé délicate, Philippe V rendit publique une déclaration par laquelle, *en cas d'un nouveau malheur qui viendrait à éteindre la première branche aînée des Bourbons, il userait de ses droits et viendrait occuper le trône de France*, laissant la couronne d'Espagne à son fils aîné. Mais, poussé par l'abbé Dubois et le cabinet britannique, le Duc d'Orléans, malgré l'exécration publique qui pesait sur sa tête (voir les *Mémoires du duc de Saint-Simon*, son ami), malgré l'humiliation du traité d'Utrecht pour laquelle les Anglais avaient exploité les trahisons du duc d'Orléans et les empoisonnements qui avaient décimé la branche aînée des Bourbons, — le duc d'Orléans trouva assez de courage pour faire une réserve publique de ses droits à la couronne de France qui, disait-il, venaient d'être *consacrés par les baïonnettes de l'étranger* et le traité d'Utrecht. Les puissances européennes accueillirent « sans protestation », disent les Mémoires du temps, les déclarations de Philippe V et « avec indifférence » celles du duc d'Orléans « qui n'avait nul crédit et nuls partisans à la Cour et à Paris ». (*Mémoires du duc de Saint-Simon.*)

Quant à Louis XIV..., il fit son testament. Il fut longtemps irrésolu sur la question de la régence. La confier à son petit-fils, Philippe V, c'était *s'exposer à embraser de nouveau l'Europe.* « La régence du duc d'Orléans serait le triomphe du vice et peut-être même du crime ». Celle des bâtards légitimés personnifierait le règne de l'adultère et de l'inceste. Philippe V fit tous ses efforts pour que son grand'père lui accordât la gestion de la régence par substitut ; Cellamare, son ambassadeur, sonda sur ce point toute la cour, espérant avec son appui entraîner la décision testamentaire de Louis XIV. « Toute la cour », le duc du Maine, le comte de Toulouse, le duc de Noailles, le maréchal d'Estrées, le duc de Guiche et autres, *protestèrent de leur attachement aux droits de Philippe au trône;* mais ils conseillèrent à Cellamare d'abandonner son projet de régence, comme irréalisable et impolitique, et de former plutôt à Madrid un corps de déserteurs français qui permettrait au petit-fils de Louis XIV, *en cas de vacance du trône,* de revenir ni seul, ni avec des troupes espagnoles. Le chef de la maison de Condé qui, après les renonciations, s'était prononcé pour *le maintien des droits de la deuxième branche aînée,* donna les mêmes conseils à Cellamare.

« En même temps qu'il préparait son testament (qui ne donna au duc d'Orléans que la présidence HONORAIRE du conseil de régence, c'est-à-dire un titre sans pouvoir), Louis XIV entama d'actives négociations avec les puissances étrangères, pour que, *le cas échéant de la mort du dernier dauphin,* les puissances secondâssent ses intentions *contre* l'avènement du duc d'Orléans.

Le maréchal de Villars, le vainqueur de Denain, « conclut à ce sujet des traités avec les États qui sont le long de la mer Adriatique. Tous les pays que baigne cette mer et plusieurs autres nations s'engagèrent dans cette ligue » (*Maxime du Haut Camp, Tome IV de l'Histoire des Finances sous la minorité de Louis XV*).

La fin de Louis XIV étant imminente, le duc d'Orléans s'agita pour se constituer un parti. Dubois, qui avait le monopole des négociations étrangères, fit comprendre à Stairs, ambassadeur de l'Angleterre, que le roi Georges (un usurpateur) et le duc d'Orléans avaient *les mêmes intérêts,* « que, si le faible rejeton de la famille royale venait à manquer, *les renonciations n'empêcheraient pas que la France ne se déclarât pour Philippe V,* regardant le duc d'Orléans comme un *usurpateur*», et que, Philippe V s'étant démis du sceptre d'Espagne en faveur de son fils aîné, *l'Europe ne soutînt le roi légitime de France sans violer le traité d'Utrecht.* L'ambassade anglaise, inquiète d'ailleurs de l'appui que Louis XIV donnait au Stuart Jacques III, travailla pour Dubois et le duc d'Orléans ».

Les premiers ministres de Louis XV et les Bourbons d'Anjou

Nous extrayons de notre *Histoire des d'Orléans* (tome I, pages 284 à 293) les passages suivants qui prouvent que M. le duc de Bourbon et le cardinal Fleury, successivement premiers ministres de Louis XV à la mort du régent, *reconnaissaient* eux aussi, ainsi que leurs sous-ministres, *les droits des Bourbons d'Anjou.*

« En février 1724, la mauvaise santé de Louis XV devint plus chancelante. En Europe, on s'attendait d'un jour à l'autre à la nouvelle de sa mort. M. le duc de Bourbon, en présence de l'aggravation de la santé du roi, fit aussitôt *prévenir son héritier légitime,* le duc d'Anjou, Philippe V, roi d'Espagne, que, dans le cas où la France viendrait à perdre son roi, *le trône lui serait assuré* et qu'il avait pris ses *mesures en conséquence.*

Le duc d'Anjou, à cette nouvelle, se mit en règle avec le traité d'Utrecht (1713) qui stipulait non pas que les puissances interdisaient aux Bourbons d'Espagne de monter sur le trône de France et d'y exercer leurs titres d'héritiers légitimes, mais que dans l'intérêt de l'équilibre européen lesdits Bourbons d'Espagne ou de France ne pourraient réunir sur une seule et même tête les deux couronnes de France et d'Espagne.

Scrupuleux observateur du traité d'Utrecht, Philippe V, en *prévision du décès de Louis XV, abandonna la couronne d'Espagne* à son fils, le roi des Asturies, Louis Ier, et se retira à la campagne, attendant le moment de son *départ pour la France.*

« Le roi et la reine d'Espagne, rapportent les mémoires du temps, se tenaient *si assurés du trône de France* qu'ils avaient toujours un trésor tout prêt, des coffres tout pleins, leurs papiers en ordre, leurs diamants réunis et une cassette préparée pour partir au moindre signal. »

Mais Louis Ier, étant venu à mourir le 31 août 1724, et la santé de Louis XV ayant repris de la force momentanément, Philippe V remonta sur le trône.

Deux années plus tard — le cardinal Fleury venait de prendre les rênes de l'État à la place du duc de Bourbon Condé, — Louis XV fut le 16 octobre 1726 attaqué de la petite vérole et ses jours mis encore une fois gravement en péril. Philippe V crut que l'heure venait de sonner, qui avait été fixée par la Providence pour qu'il *occupât le trône de France.*

« Les ministres de France, disent les contemporains, ayant laissé partir un courrier sans écrire à la cour d'Espagne, Philippe V en conclut sans autre examen que le roi de France, son neveu, était mort. Il convoqua aussitôt *une junte extraordinaire*, y déclara qu'il allait se rendre à Versailles avec le second de ses fils pour *recueillir l'héritage du trône de France*, et qu'il laissait la couronne d'Espagne à son fils aîné. Celui-ci prononça et signa le jour même, dans la chapelle du palais, une renonciation formelle au trône de France en faveur de son frère cadet. Le traité d'Utrecht se trouvait ainsi respecté dans son article 7. Immédiatement, Philippe V fit préparer ses équipages et partir des relais pour les carrosses de la cour. Les rôtisseurs, les pâtissiers, les chefs d'office passèrent la nuit à réunir des provisions de route. Le lendemain, de bonne heure, le roi et la reine entendirent la messe, tandis qu'on mettait les chevaux aux voitures et qu'officiers et valets faisaient retentir les corridors de leurs baisers d'adieu. La reine était déjà dans son carrosse, le roi avait la jambe levée pour y monter, lorsqu'...on leur remit le courrier de France. Il annonçait que Louis XV était complètement rétabli. La nouvelle de cette déconvenue de Philippe V égaya beaucoup les courtisans de Versailles. Louis XV en rit aussi, etc. »

— Philippe V aurait pris fort allégrement sa mésaventure, s'il s'était alors rendu compte que, de tous les actes de sa vie, cette abdication et ce départ pour la France seraient, dans l'avenir, le plus concluant argument en faveur des droits de sa branche au trône de France.

Louis XV, les princes du sang, Fleury, d'Argenson, le fils du Régent et les Bourbons d'Anjou.

Notre *Histoire des d'Orléans* (tome Ier) contient pages 303 et suivantes de précieux renseignements sur l'état des esprits en France, au sujet des prétentions des Bourbons d'Anjou et d'Orléans-Sainte-Geneviève (fils du Régent) au trône de France sous Louis XV.

Ces renseignements prouvent à nouveau que, pendant tout le règne de Louis XV et sans discontinuer, les droits des Bourbons d'Anjou furent unanimement reconnus.

« Le duc d'Orléans (1703-1752), fils du Régent et prince détraqué, partageait son temps entre ses dévotions de Sainte-Geneviève et des querelles avec le roi, les mi-nistres, sa propre mère et son fils (le *Gros-Philippe*, père de Philippe-Égalité)...Ses sentiments chrétiens ne brillèrent pas dans une circonstance importante. De violents différends avaient éclaté entre les princes du sang et les princes légitimés au sujet du rang que ceux-ci demandaient pour leurs enfants à naître. Comme les princes du sang étaient hostiles à la maison d'Orléans et aux droits qu'elle prétendait au trône, Orléans Sainte-Geneviève prit parti pour les bâtards, déclarant que « pour lui, élevé par une mère bâtarde (Mlle de Blois, fille de la Montespan) et qui aimait les bâtards, il avait appris d'elle les mêmes sentiments et qu'il serait bien aise de tout ce que l'on ferait pour eux ». (*Mémoires du marquis d'Argenson*, son chancelier.)

Du reste, l'idée le poursuivait à tout moment d'*évincer du trône de France les Bourbons d'Anjou*. « Il est particulièrement terrible, écrit dans son journal d'août 1840 le marquis d'Argenson, sur l'article des renonciations du traité d'Utrecht *au préjudice du droit de naissance de Philippe V*. Il voudrait pour cela faire ce qui est en lui ; mais il ne peut, dit-il, vaquer à son devoir de prince du sang (il était en effet à moitié fou et crétin). Il m'a tenu le langage suivant : « Il ne s'agit pas pour M. le duc de Chartres (son fils) d'être un simple prince du sang, un étalon royal, pour procréer d'autres princes ; il a autre chose à faire ; il est appelé prochainement à la couronne, le roi n'ayant qu'un Dauphin non encore marié (âgé de onze ans). La conduite de mon fils doit être de plaire au roi, de se tenir auprès de lui dans un grand respect, de plaire également au Dauphin et de sauver par sa complaisance ce qu'a d'odieux pour un jeune homme la qualité de lui marcher sur les talons. »

En conséquence, Orléans Sainte-Geneviève et d'Argenson donnèrent au jeune duc de Chartres (âgé de quinze ans et le futur père de Philippe-Égalité) des instructions que le jeune prince suivit à la lettre. Il fut assidu auprès du roi et parvint à gagner ses bonnes grâces par son respect, ses attentions et ses goûts qu'il copiait exactement sur ceux de Louis XV. « Louis XV prit son petit cousin en grande affection » (d'*Argenson*). Ce premier point acquis, Orléans Sainte-Geneviève et d'Argenson entreprirent de marier le duc de Chartres à Mme Henriette, seconde fille du roi. « Assurément, écrit naïvement d'*Argenson* dans son journal du 29 août 1840, le roi devrait lui tendre les bras dans cette vue, en faire son gendre, lui donner les grands honneurs de fils de France. *En cas de vacance* (on aurait trouvé le moyen de faire naître la vacance probablement, comme avait fait le régent avec les autres Bourbons empoisonnés), la couronne passerait naturellement sur la tête du duc de Chartres (le Dauphin a été empoisonné en 1765 avec sa femme, et les orléanistes ont été accusés de ces empoisonnements par des historiens estimés.) *L'Espagne, il est vrai, peut opter le cas échéant* (ainsi d'Argenson avoue que les Bourbons d'Anjou étaient les héritiers légitimes, même d'après l'article 7 du traité d'Utrecht). C'est au jeune prince à faire plaisir aux grands dans l'occasion, à les aider parfois de quelque chose bien secrètement et surtout à river le crédit des ambassadeurs d'Espagne à notre cour et à dérouter leurs créatures. »

Au sujet de ce projet de mariage, de longues intrigues se déroulèrent tous les jours pendant de longs mois. Orléans Sainte-Geneviève eut de fréquentes entrevues particulières avec Louis XV. « Il montait chez Sa Majesté sitôt les rideaux ouverts. » Il s'efforça de faire révoquer le premier ministre Fleury, *qui haïssait les d'Orléans et ménageait le trône pour les héritiers légitimes de la première branche aînée. Le duc de Chartres* obséda de même le roi de supplications incessantes. Mais, Louis XV refusa toujours et très nettement le père et le fils par considération politique et *par respect pour les droits incontestables des Bourbons de la deuxième branche aînée, supérieurs à ceux de la branche cadette (Journal d'Argenson).* « Outré de ce mépris du roi pour son ambition de gouverner le royaume et d'assurer le trône de France à sa maison, M. le duc d'Orléans se retira dès lors définitivement à Sainte-Geneviève (5 juin 1741) et quitta les conseils du roi. » A la fin de juillet, il tenta néanmoins de nouvelles démarches à l'égard du susdit mariage. Le cardinal Fleury lui déclara nettement, à plusieurs entrevues, que *Louis XV et la France étaient pour les descendants de Louis XIV,* et, qu'en cas de mort du roi et du dauphin, lui, premier ministre, regarderait les renonciations d'Utrecht *comme extorquées et arrachées par la violence,* comme ne pouvant être *interprétées légalement dans le sens exclusif que leur donnaient les d'Orléans,* et qu'il ferait *proclamer roi un Bourbon de la deuxième branche aînée,* que Louis XIV avait envoyé régner en Espagne *au service de la France.*

De dépit d'être toujours éconduit, Orléans Sainte-Geneviève voulut se faire prêtre. Mais d'Argenson, son chancelier, etc. etc...

Quelque temps après, le dauphin ayant eu la rougeole et sa vie ayant été en danger, « le duc d'Orléans, retiré à Sainte-Geneviève, déclara à Guettard, de l'Académie des sciences, qui lui était attaché et de qui je tiens l'anecdote, que, si le dauphin fût mort et si les Bourbons d'Anjou eussent tenté de lui disputer le trône, il fût sorti l'épée à la main et à cheval de l'abbaye de Sainte-Geneviève où il était entré un chapelet à la main ». (*Abbé Soulavie*). — En 1751, le dauphin étant tombé encore dangereusement malade, « toute la famille royale fut dans les larmes ». « Je n'ai jamais vu le roi si troublé, » dit Mme *du Hausset* dans ses Mémoires. « Quand son fils fut hors de danger, Louis XV s'écria gaiement : *Le roi d'Espagne aurait eu beau jeu.* En cela, l'on prétend qu'il avait raison et que c'était justice; mais que, si le duc d'Orléans (*Gros-Philippe*, fils d'Orléans Sainte-Geneviève qui venait de mourir) *avait eu un parti,* il aurait pu prétendre à la couronne ». Ainsi, le nouveau duc d'Orléans, le père de Philippe-Egalité, de l'aveu de Mme du Hausset, femme de chambre de Madame de Pompadour, « n'avait *pas de parti* ».

L'historien anglais Coxe et les Bourbons d'Anjou.

En 1827 parut à Paris :

L'Espagne sous les Bourbons de 1700 à 1788

PAR WILLIAM COXE

(Traduction de don Mariel) en 6 volumes.

Ces volumes ont été composés sur les *documents officiels* et avec les mémoires, les ouvrages les plus autorisés de l'époque, qui sont tous cités en tête du premier volume *au nombre de plus de cent.* L'éminent historien W. Coxe mérite d'autant plus de crédit qu'il est anti-bourbonnien et anti-français. Voici des extraits de son ouvrage:

« ... Par le traité des Pyrénées conclu en 1659 dans l'île des Faisans, sur la Bidassoa, l'Espagne dut céder à la France le Roussillon, la Cerdagne, la Flandre, le Hainaut, l'Artois et la fille aînée de Philippe IV, Marie-Thérèse, à Louis XIV. Philippe IV, le grand ennemi de la France, mit pour condition au mariage que Marie-Thérèse renoncerait pour elle et pour sa descendance à la couronne d'Espagne. Louis XIV ratifia ensuite, avec la plus grande solennité, en son nom et pour ses héritiers, cette renonciation que confirmèrent les Cortès de Madrid. Cependant la *Cour de France ne se crut point liée par ces engagements solennels* et les regarda comme une *simple formalité* destinée à dissiper les alarmes de l'Europe. Mazarin avait même fait cette observation aux plénipotentiaires chargés de négocier le traité, et il l'avait *renouvelée* au moment des actes les p'us solennels : « Faisons le mariage ; car *aucune renonciation au monde ne peut enlever au Roi ses droits sur la succession d'Espagne* ». Postérieurement, la correspondance diplomatique et les pièces officielles qui sortirent du cabinet français furent constamment basées sur le même principe qu'il n'y avait *pas de renonciation qui pût invalider les droits des héritiers légitimes, ni changer les bois de la succession* établies entre l'Espagne et la France. Ces renonciations, *imposées* par des traités internationaux, étaient NULLES et ne pouvaient RIEN contre les lois nationales, constitutionnelles et fondamentales.

... Philippe IV mourut en 1665 et eut pour successeur Charles II. Celui-ci étant impuissant, des débats s'ouvrirent sur sa succession. Deux prétendants s'élevèrent : l'empereur Léopold d'Autriche, et le fils de Louis XIV *malgré les renonciations* confirmées par un testament de Philippe IV.

... Le scrupuleux Charles II, avant de tester, consulta les jurisconsultes et les casuistes les plus renommés d'Espagne et d'Italie, les principaux grands et conseillers d'Espagne qui, à *l'unanimité*, déclarèrent que, l'intention des contractants du traité de 1659 ayant été seulement *d'empêcher l'union des deux couronnes sur une seule et même tête*, les descendants de Marie-Thérèse devaient avoir l a *priorité de droit*, s cet *inconvénient* pouvait être évité.

... Pour plus de sûreté, le scrupuleux Charles II s'adressa au pape INNOCENT XII, qui se prononça pour les droits des descendants de Marie-Thérèse, après en avoir conféré avec ses cardinaux et théologiens les plus sincères et les plus instruits, après avoir examiné les testaments des prédécesseurs de Charles II, depuis Ferdinand le Catholique jusqu'à Philippe IV, les décrets des Cortès, les renonciations d'Anne d'Autriche et de Marie-Thérèse, les contrats de mariage, cessions et autres actes des princes autrichiens depuis Philippe-le-Bel. Après une délibération de 40 jours, le pape résolut : que Charles II était *en conscience* OBLIGÉ de transmettre sa succession au duc d'Anjou ou au duc de Berry (troisième petit-fils de Louis XIV), les deux plus jeunes enfants du Dauphin, pourvu toutefois que des *précautions* fussent arrêtées pour *empêcher le cumul des deux couronnes*. Innocent XII expédia sa décision accompagnée d'une lettre touchante, dont nous transcrivons le commencement :

« Ne trouvant moi-même dans une situation analogue à celle de Votre Majesté,

puisque je suis bien près de paraître devant le tribunal du Christ et de lui rendre compte du troupeau qu'il a daigné confier à ma garde, il est aussi de mon devoir de donner à Votre Majesté un avis tel que ma conscience ne puisse jamais m'en faire un reproche au jour du jugement dernier. Votre Majesté concevra aisément qu'elle ne doit pas mettre les intérêts de la Maison d'Autriche au niveau de ceux de l'Eternité, etc. etc. »

... Charles II consulta ensuite plusieurs grands du royaume et soumit la question au Conseil de Castille. TOUTES les autorités publiques exprimèrent les MÊMES sentiments. L'affaire fut enfin portée au Conseil d'Etat, le corps délibérant de la Monarchie. Il y eut huit voix contre deux. Les huit furent MM. Porto Carrero, Mancera, del Fresno, Villafranca, Medisanidonia et Montijo. Les deux s'appelaient les comtes de Fuensalida et de Frigiliana.

... En signant le testament le 2 octobre 1700, Charles II, qui personnellement était pour l'Autriche, dit : « C'est *Dieu seul qui donne les royaumes*, parce qu'ils lui appartiennent. » Il mourut le 3 novembre 1700.

... Le testament fut accepté par Louis XIV et par l'Espagne. Dans ses instructions à Philippe d'Anjou, Louis XIV lui dit : « NOUBLIEZ JAMAIS QUE VOUS ÊTES FRANÇAIS ET CE QUI PEUT VOUS ARRIVER... » Il lui remit aussi des lettres patentes par lesquelles Philippe d'Anjou CONSERVAIT SES DROITS ÉVENTUELS à la couronne de France, LUI ET SES DESCENDANTS.

... Philippe V fut proclamé roi dans les provinces hors d'Espagne avec autant de facilité et de calme qu'à Madrid. Il fut reconnu par le Portugal, la Savoie, l'Angleterre, la Hollande et les princes allemands. Seul, l'empereur Léopold protesta. Les Cortès l'acclamèrent.

... Mais Louis XIV, dans ses lettres patentes, n'avait fait AUCUNE MENTION DES ENGAGEMENTS SACRÉS qu'il avait pris antérieurement de renoncer à l'union des deux couronnes sur une même tête. De plus, il irrita la Hollande et l'Angleterre par ses desseins de vouloir mettre à exécution son projet favori de monarchie universelle et de s'emparer des Pays-Bas espagnols.

... Le 7 septembre 1701, l'Angleterre, l'Autriche et la Hollande conclurent un traité dans le but de délivrer les Pays-Bas espagnols de l'occupation des troupes françaises et d'*empêcher à jamais l'union des deux couronnes* sous un même gouvernement. Ce traité fut confirmé le 15 mai 1702.

... En juin 1711, des négociations de paix furent ouvertes entre l'Angleterre et la France. Les préliminaires généraux furent même signés. *Le point principal de la question, celui qui avait donné lieu à la guerre fut écarté sur la déclaration vague de Louis XIV qu'il prendrait des mesures justes et convenables pour empêcher la réunion des deux couronnes d'Espagne et de France sur la même tête.* Sous les autres rapports, il fit les plus grandes concessions à l'Angleterre. En décembre 1711, l'Angleterre arracha à la Hollande son acquiescement au traité, et, au commencement de 1712, les conférences furent ouvertes à Utrecht; la paix allait être signée..., lorsque la mort de presque tous les membres de la famille de Louis XIV vint changer la face des choses... Déjà, en 1711, le grand dauphin avait été enlevé... Cette mort n'ayant pas arrêté les négociations *favorables aux droits des Bourbons d'Anjou*, il y eut de nouveaux empoisonnements... Le duc de Bretagne succomba après le duc de Bourgogne... Il ne restait plus entre le trône et Philippe d'Anjou qu'un enfant royal de deux ans (le futur Louis XV), qui avait une constitution des plus maladives. *Philippe V voulut absolument partir pour Paris et y attendre l'éclosion de ses droits au trône de France*; mais Louis XIV, son grand-père, lui intima *l'ordre d'attendre à Madrid.*

... Une correspondance très active s'établit à cette occasion entre les gouvernements de France et d'Angleterre, pour obvier aux conséquences des décès inattendus des Bourbons. Déjà, dans des *articles préliminaires*, on était convenu de la *séparation des deux couronnes*. Maintenant, l'Angleterre demanda qu'A TITRE DE MOYEN DE SANCTION, Philippe V renonçât à la couronne d'Espagne ou à celle de France, que cette renonciation fût sanctionnée par les Cortès, et que cette clause fût insérée dans le traité, sous la garantie des puissances contractantes.

... Louis XIV répondit énergiquement au nom de la France que LA RENONCIATION SERAIT DE NULLE VALEUR d'après les lois fondamentales du royaume. « Selon ces lois, dit-il, le droit divin et inviolable des successeurs à la couronne de France ne pouvait être annulé PAR AUCUN POUVOIR SUR LA TERRE, etc. »

... Les plénipotentiaires anglais persistèrent à demander cette *formalité* de renonciation qu'ils SAVAIENT BIEN N'ÊTRE QU'ILLUSOIRE, et le plénipotentiaire Brolingbroke répondit : « D'après les lois françaises, il *n'y a que Dieu qui puisse abolir la loi sur laquelle les droits de la succession sont fondés*. Mais nous sommes convaincus en Angleterre que le prince, en faveur de qui une renonciation est faite, sera soutenu dans ses prétentions par les puissances qui garantiront le traité. »

... Louis XIV écrivit le 20 avril 1712 à Philippe V qu'il n'y avait *plus moyen de continuer la guerre* et qu'IL FALLAIT DE TOUTE NÉCESSITÉ signer la paix, et il lui conseilla d'accepter la clause anglaise, d'opter pour l'Espagne et de remplir la FORMALITÉ de renonciation à la France. « Les Anglais, dit-il *ironiquement* en finissant sa lettre, sont persuadés qu'ils sauront bien en assurer l'effet. »

... Philippe V opta pour l'Espagne. Le ministère anglais, à qui M. de Torcy avait fait accroire (lettre de Torcy à Bolingbroke du 8 avril 1712) que le roi opterait pour la France, s'aperçut alors qu'*il avait été joué*. Car si Philippe V conservait l'Espagne, *rien ne pourrait empêcher sa succession éventuelle à la couronne de France*, si ce n'était la renonciation qu'on avait pourtant déclarée NULLE dans des termes NON ÉQUIVOQUES.

... L'Angleterre demanda que les renonciations fussent sanctionnées par les ÉTATS GÉNÉRAUX de France et par les Cortès d'Espagne, comme étant les autorités législatives principales dans ces deux royaumes. Mais la confirmation des États généraux ne pouvant que rendre *toute évasion difficile pour l'avenir*, Louis XIV éluda la demande et offrit la sanction du PARLEMENT. Bolingbroke accepta ce *moyen supplémentaire* qui réduisait la renonciation à une *simple formalité*. (Et l'auteur met en note : Il est inutile d'examiner la sincérité de ces renonciations, parce que tous les actes de Louis XIV et de Philippe V ont prouvé qu'ils ne les considéraient que *comme de simples formalités*. Cette question est traitée avec autant d'esprit que de raison dans une brochure du temps : *The sighs of Europe*, ou *Les Vues de l'Europe*, 1713.)

.. Louis XIV vint à mourir le 1er septembre 1715. D'après les dépêches de Dodington, ministre d'Angleterre à Madrid (6 septembre 1716), *l'opinion générale* était, avant la mort du roi, qu'après cette mort Philippe V partirait aussitôt pour Paris et y ferait valoir ses droits à la régence; et Albéroni, dans son *Apologie*, s'attribue le mérite de l'avoir dissuadé d'entreprendre ce voyage. C'est que Philippe V n'avait jamais abandonné l'intention de faire valoir son *droit d'aînesse*, dans le cas où la mort de Louis XV le rendrait *héritier légitime*; il avait même hésité plus d'une fois s'il ne descendrait pas du trône d'Espagne pour rendre ses prétentions plus valables... Pour parvenir à ce but, il voulut s'emparer de la régence qui, par *la constitution de la France* et selon *l'opinion générale*, lui appartenait de *droit* en sa qualité d'héritier présomptif. Mais ses conseillers intimes, appelés à délibérer, le dissuadèrent de poursuivre le projet, de *crainte d'une nouvelle coalition des puissances*.

... Philippe V, qui avait conservé, malgré sa maladie, la dignité et *l'esprit national* de sa famille, qui avait toujours le soin d'être entouré uniquement de conseillers français, ne perdit pas de vue la *possibilité de succéder aux trônes de ses ancêtres*...

... Ayant épousé en 1710 Elisabeth Farnèse de Parme, CELLE-CI, POUR LE DOMINER, L'ENCOURAGEA dans ses vues sur la succession de la couronne de France. Elle était elle-même menée par Albéroni.

... De 1716 à 1717, en France, un parti *très nombreux* dans le PEUPLE et à LA COUR pourrissait un vif attachement pour Philippe, comme descendant de Louis XIV, et le regardait COMME LE PRINCIPAL appui du système politique qui, naguère, avait rendu la France l'arbitre de l'Europe.

... En 1718, tous les partisans et admirateurs de l'ancienne cour s'étaient *déclarés contre le régent*. Villars, soutenu par Villeroi, le duc du Maine, le maréchal d'Uxelles (ministre des affaires étrangères), protestèrent au conseil d'État contre l'alliance du régent et des Anglais. Ils étaient appuyés par toutes les princesses, par les princes légitimés, ainsi que par *l'épouse du régent*. Le duc de Saint-Simon, son ami dévoué, reconnaissait lui-même la *supériorité des droits de Philippe V* au gouvernement. Les parlements se rangèrent sous la bannière de la noblesse mécontente et *défendirent les droits de la nation*. Les mécontents trouvèrent un chef dans une fille du Grand Condé, la duchesse du Maine. Le parti s'accrut des personnes marquantes de *toutes les classes*, ainsi que des *officiers supérieurs de l'armée*. Leur but était de renverser le gouvernement du régent, de conférer la régence à Philippe V et de faciliter sa succession éventuelle à la couronne, dans le cas où Louis XV viendrait à mourir. *Toutes les classes, toutes les professions étaient dans la conspiration.* Les États généraux devaient sanctionner le nouveau gouvernement.

« La conspiration ayant été découverte, *le fils de France, l'héritier présomptif,* comme disaient les conjurés dans les papiers découverts, Philippe V avoua sans détour les mesures adoptées contre le Régent et hâta les préparatifs militaires qu'il avait déjà commencés pour soutenir ses prétentions. De tous côtés, ses troupes se mirent en marche vers les frontières de France. Dans un manifeste du 25 décembre 1718, distribué à profusion à Paris et dans toute la France, il annonça qu'il n'avait qu'un but : attaquer la personne et l'autorité du Régent. Le 3 janvier 1719, le Régent lui déclara la guerre. Cependant Philippe V, malgré la découverte du complot, était très satisfait de l'esprit public en France et surtout des dispositions de *tous les rangs de l'armée*. Villars *refusa* tout commandement et *protesta* contre la guerre faite à Philippe V. Les provinces, voisines de l'Espagne, *fourmillaient de mécontents*. Le 20 avril, Philippe V partit rejoindre son armée qui devait lui *rendre son héritage* et donner la première impulsion au mouvement général qu'il se proposait d'opérer en France pour les Bourbons. Il commanda en personne la première division, la reine, la seconde, et le cardinal Albéroni, la troisième. Il se flattait qu'aucun *soldat français* n'oserait tourner ses armes contre le *premier prince du sang*. Il désigna même d'avance les régiments où devaient être placés ceux qui abandonneraient le drapeau du Régent. Dans cet espoir, il adressa une *proclamation aux militaires français*, où il traitait le duc d'Orléans de « prétendu Régent » et parlait des devoirs que lui commandait *sa naissance* et de la régence qui lui appartenait. Il eut aussi l'idée de s'avancer seulement avec une faible escorte vers les rangs français et de se fier entièrement à la loyauté des soldats. Mais Albéroni fit avorter cette entreprise en faisant ralentir la marche de l'escorte au moyen d'un contr'ordre supposé. Malgré les secrètes dispositions de l'armée française pour Philippe V, elle fut soumise à une discipline si sévère qu'elle dut être *fidèle malgré elle*. Le sort des armées ne fut pas favorable à Philippe V qui fut battu par le maréchal de Berwick, un Irlandais.

... Battu, Philippe V, étant donnée la maladie de Louis XV, songea à abdiquer pour être prêt à *prendre la couronne de France*, quand elle serait vacante ; car sa retraite royale aplanirait tous les obstacles. Il se retira donc dans son *petit Versailles*, le palais de Saint-Ildephonse qui lui avait coûté plus de cent millions, retenant toujours dans sa main les rênes du gouvernement, et donna le titre nominal de roi à un de ses fils Louis Ier, se proposant d'*aller régner avec l'autre en France* (10 janvier 1724). C'est qu'il obéissait aux vives instances du premier ministre de France, le duc de Bourbon-Condé, qui l'invitait à se tenir prêt à profiter de la mort imminente de Louis XV, — et il voulait parer à l'opposition des puissances en transférant préalablement la couronne d'Espagne à un de ses fils et en *renouvelant en cette occasion ses engagements de ne pas réunir les deux couronnes sur la même tête*. Dans leur *petit Versailles*, le roi et la reine eurent des rapports secrets et continuels avec le duc de Bourbon et leur parti de France. Des courriers furent placés à des distances réglées entre Paris et ce qu'ils appelaient leur *petit Versailles*. Ils firent tous les préparatifs pour un voyage en France ; les diamants et l'argenterie de la reine furent emballés; enfin, toutes les précautions furent prises pour se mettre en route, aussitôt reçue la nouvelle de la mort de Louis XV à laquelle on s'attendait à tout moment... Philippe V, âgé alors de 39 ans, voulut même se rendre en France avant la mort du Roi, et il prétexta le rétablissement de sa santé dans son pays natal; mais le but réel du départ était de mûrir ses plans sur les lieux mêmes et d'encourager ses partisans par sa présence. Ces projets s'ébruitèrent, et le *gouvernement anglais communiqua une note énergique au cabinet français.* Le nouveau premier ministre, le cardinal Fleury, répondit par une déclaration du jeune roi, dans laquelle il disait qu'il s'opposait au voyage en France de Philippe V (La France avait pour ambassadeur à Madrid un ami de Philippe V, le maréchal de Tessé.)

... Louis Ier étant mort le 31 août 1724, le roi et la reine remontèrent sur le trône, malgré leur abdication, parce que la couronne leur donnait une position plus avantageuse pour être à même de *réaliser* un jour *l'espoir* qu'ils nourissaient de s'asseoir sur le *trône de France.*

... En 1726, autre maladie de Louis XV. Cette nouvelle ranima *l'espérance chérie* de Philippe V de monter sur le trône de ses ancêtres. Il envoya en France un agent intime pour réunir tous les partis en sa faveur. C'était l'abbé de Montgon, protégé du duc de Bourbon-Condé. Le 21 décembre 1726, Montgon reçut ses instructions écrites de la main du roi, et partit pour la France.

« Le 26 octobre 1728, Louis XV eut la petite vérole, ce qui causa en France de l'anxiété et des alarmes. Les communications régulières ayant été interrompues par accident entre Paris et Madrid, Philippe V et la reine crurent que Louis XV était déjà expiré et ils parlèrent de partir avec le reste de la famille royale, de laisser Charles de Bourbon en Espagne, de se présenter en France là où ils seraient bien reçus, de convoquer le premier parlement venu pour y faire reconnaître *Philippe roi de France.* Que s'ils étaient invités par les Français à partir pour Paris, ils marcheraient droit sur la capitale. La reine fit venir Montgon à minuit et lui demanda son avis. Le voyage pour la France remplit toutes les conversations de Madrid: les Français de Madrid furent dans la joie. Si l'on eût reçu 24 heures plus tard les nouvelles favorables de la santé de Louis XV qui arrivèrent sur les entrefaites, le roi et la reine partaient. »

L'orléaniste Barbier et les Bourbons d'Anjou

Nous devons à une heureuse indiscrétion de M. Henri Marchand, rédacteur en chef du *Journal de Paris,* vulgo : journal *des Blancs d'Espagne,* un précieux témoignage historique et juridique. Il a été recueilli par M. le comte Léonor de Cibeins. Voici ce document :

Barbier, avocat distingué, l'un des hommes d'affaires des d'Orléans, né en 1689, mort en 1777, était estimé dans la *consultation.* Il fit partie du conseil de la duchesse de Modène, fille du régent, et de celui de la maison de Conti. Il écrivait : « On dit que le *motif particulier* de la triple alliance, faite entre M. le Régent, l'empereur et le roi d'Angleterre, est pour forcer le roi d'Espagne à renoncer une *seconde fois* à la couronne de France pour l'assurer davantage à M. le Régent...; voilà le sujet et le motif particulier de la guerre d'aujourd'hui contre le roi d'Espagne : apparemment que si on a des forces considérables contre lui, qu'on lui prenne des places et qu'on le force à faire la paix, ce sera à la condition de la renonciation à la couronne de France, RENONCIATION QUI NE VAUT TOUJOURS RIEN PUISQU'ON NE RENONCE POINT A UN DROIT QUI N'EST POINT ACQUIS : *non est successio viventis.*

Les États Généraux et les Bourbons d'Anjou

Les états Généraux de 1590 ont déclaré qu'un prince lieutenant-général, qui abuserait de sa situation pour se substituer à l'héritier légitime, serait à jamais exclu du trône, lui et sa race.

Or, le 9 août 1830, Louis-Philippe, lieutenant-général du royaume, a accepté le trône, que venaient de lui voter 219 député sans mandat.

Donc, la race de Louis-Philippe ne peut pas invoquer l'édit illégal de 1717, promulgué par le Régent, aux termes duquel, en cas de vacance du trône, les États Généraux auraient à statuer sur les droits respectifs des Bourbons d'Anjou et d'Orléans.

L'Assemblée constituante de 1789

Cette assemblée a consacré à la question les trois séances des 16, 17 et 18 septembre 1789. La discussion fut longue, animée, irritée, violente, orageuse. Conformément aux cahiers des états généraux de 1789, de la noblesse, du clergé, du tiers-état, relatifs à la succession au trône et aux lois fondamentales de la monarchie, — le vote de l'Assemblée constituante consacra les droits des Bourbons d'Anjou à la couronne de France, par préférence à la branche cadette d'Orléans. L'Assemblée décida que « la couronne était héréditaire dans la race régnante, de mâle en mâle et par ordre de primogéniture ». Les orléanistes, en désespoir de cause, réussirent à faire ajouter ce paragraphe-ci « *sans entendre rien préjuger sur l'effet des renonciations* », qui leur était presque aussi défavorable. L'Assemblée ne voulait pas provoquer la moindre complication avec quelque puissance étrangère.

La Quotidienne et les Bourbons d'Anjou

En 1835, le parti orléaniste fit circuler le bruit de la mort de Henri V. Cette manœuvre mécontenta fort toute la presse royaliste et spécialement le moniteur officieux des Bourbons, *la Quotidienne*, dont nous allons reproduire quelques extraits :

La Quotidienne du 10 juillet 1835. « On n'est point fâché de répandre dans l'opinion la possibilité d'une mort naturelle (d'Henri V), quand sans doute on sait qu'une mort violente peut seule détruire la base sur laquelle reposent tant de destinées. Les pouvoirs placés par leur nature dans des conditions violentes ne sont pas toujours scrupuleux sur les moyens à employer (d'après l'*Histoire de la duchesse de Parme* par de Saint-Albin, le comte de Chambord a été l'objet de trois tentatives d'assassinat orléanistes, qu'il raconte) pour renverser ce qui leur fait obstacle. L'histoire de tous les temps est là pour nous en fournir plus d'un exemple. La Providence qui a veillé plus d'une fois aux destinées de la France, qui, lors de l'assassinat du duc de Berry, au milieu du deuil et de la désolation, a révélé ce prince palpitant dans le sein de sa mère, cette Providence tutélaire ne le laissera pas ravir aux hautes destinées qui l'attendent, et saura le préserver du MÊME poignard dont son infortuné père a été frappé ».

La Quotidienne du 12 juillet. « Il n'est pas permis à un Français d'ignorer qu'entre nos princes de la branche aînée et la branche collatérale d'Orléans, il y a quelque chose de très direct, de très Bourbon, du sang français en un mot, et du sang de Louis XIV

Il n'est pas permis à aucun de nous d'ignorer que le grand principe de l'hérédité, dans l'ordre naturel et suivant les droits du sang, n'a été modifié dans la monarchie française que par des traités diplomatiques, appropriés à la politique du temps, et qu'une autre politique pourrait modifier ou réformer *comme tous les actes de cette nature*. — Il est à observer d'ailleurs que, Louis-Philippe ayant tout récemment concouru hautement à l'abolition de la loi salique en Espagne, il résulte de cette abolition que la Maison d'Orléans a annulé de ce côté encore, en ce qui pouvait la concerner, les stipulations du pacte de famille et du traité d'Utrecht. Cette vérité est si évidente que dernièrement TOUTES les feuilles indépendantes ont fait observer que, si don Carlos était expulsé de l'Espagne, il irait tout naturellement à Prague (résidence de Charles X) reprendre son rang dans la Maison de Bourbon. Or on sait que ce rang est celui d'un descendant de Louis XIV en ligne directe, comme nos propres princes, tandis que la branche d'Orléans descend d'un frère du grand Roi. »

La Quotidienne du 15 juillet. « Tous les journaux républicains ont admis la justesse de nos raisonnements comme des points historiquement et théoriquement vrais. Mais il est tout naturel qu'ils ne veuillent pas davantage d'un Bourbon de la branche établie en Espagne qu'ils ne veulent d'Henri V, ou de son aïeul ou de son oncle. Ils le repousseraient, nous le savons bien, le cas échéant, lors même qu'il se présenterait donnant la main à la gracieuse fille du duc de Berry, et montrant ainsi, resserrée par un nouveau lien, l'alliance déjà si étroite des deux descendances directes de Louis XIV. (Plus tard, Jean de Bourbon et Henri V ont épousé les deux sœurs, — la fille du duc de Berry a épousé un autre Bourbon d'Anjou, le duc de Parme, — et Henri V a marié une des filles de sa sœur au fils aîné de Jean de Bourbon.) En agissant ainsi, les républicains se montrent au moins conséquents. Leur devise est : *Point de Bourbons; aucuns Bourbons!* Par une raison tout à fait semblable, la devise des royalistes doit être et sera toujours en effet : *Des Bourbons! Tous les Bourbons possibles!*

Tous les journaux royalistes de 1835 et les Bourbons d'Anjou

La Quotidienne du 21 juillet 1835. « Tous les journaux royalistes que nous avons eus sous les yeux ont reproduit avec empressement les articles récemment publiés par *la Quotidienne* et où nous avons abordé franchement la question de succession au trône, soulevée par le *Journal des Débats*. » Puis, *la Quotidienne*, cite parmi tous ces journaux légitimistes, *la Gazette de Flandre et d'Artois* et *la Gazette du Bas Languedoc* dont elle reproduit d'importants extraits. *La Gazette de Flandre et d'Artois* déclare avoir donné à la question les plus grands développements dans des articles qui se sont prolongés du 13 mars au 15 juillet 1835.

———

Tous les journaux républicains de 1835 et les Bourbons d'Anjou

« Tous les journaux républicains, dit *la Quotidienne* du 15 juillet, ont approuvé son opinion sur les droits de la maison d'Anjou. Parmi ces journaux, nous citerons: *le Réformateur* du 14 juillet :

« Les questions, que soulèveraient la mort du duc de Bordeaux ou l'extinction de sa postérité, continuent à être traitées avec chaleur par les journaux dynastiques de toutes nuances. L'organe le plus accrédité du parti légitimiste, *la Quotidienne*, déclare ce matin que si l'abolition de la loi salique est maintenue en Espagne, que, si, don Carlos (le père de Jean de Bourbon 1818-1861) ne parvient pas à détrôner la reine Isabelle, ce prince deviendra l'héritier naturel de la couronne de France, à défaut du duc de Bordeaux, le traité d'Utrecht ne pouvant plus être invoqué et les petits-fils de Louis XIV devant, par le droit de représentation, avoir le pas sur ceux de Louis XIII (Louis XIII eut deux fils: Louis XIV, dont descendent Henri V et les Bourbons d'Anjou, et Philippe d'Orléans, dont descendent les d'Orléans). Ceci nous paraît irréfutable, et nous conseillons au *Journal des Débats* et au *Journal de Paris* (1) de se tenir pour battus. »

———

Laurentie et les Bourbons d'Anjou

« D'après le traité d'Utrecht, les Bourbons d'Anjou restent libres dans l'avenir d'opter

———

(1) Le *Journal de Paris*, le plus vieux des journaux de France après *La Gazette*, n'est devenu légitimiste qu'en 1852.

pour le trône de France ou celui d'Espagne, dans le cas où ils deviendraient premiers héritiers de la maison de France. » (*Histoire de France*, tome VI.)

« Dans la discussion sur le droit de primogéniture, Mirabeau, chef de la conjuration d'Orléans, eut peur de l'exclusion frappée sur la maison d'Orléans au bénéfice de la maison d'Espagne, et il jeta à flots son éloquence pour faire supprimer ces expressions. Mais d'Eprémesnil l'emporta. D'Eprémesnil commençait à voir la tendance furieuse de la Révolution. » (*Histoire des ducs d'Orléans*, tome IV.)

———

De Genoude et les Bourbons d'Anjou

« Il n'y a point encore de loi reconnue qui oblige les descendants à se priver du droit de régner auquel auront renoncé leurs pères. Ces renonciations ne sont efficaces que lorsque l'intérêt commun continue de s'accorder avec elles. Mais enfin elles (les renonciations d'Utrecht) calmaient pour le moment présent une tempête de douze années; et il était probable qu'un jour plus d'une nation réunie soutiendrait ces renonciations, devenues la base de l'équilibre et de la tranquillité de l'Europe. » (*Histoire de France*, tome XIV, page 423.) — (Ces mêmes mots se trouvent dans l'*Histoire du siècle de Louis XIV* par Voltaire.)

———

Lamartine et les Bourbons d'Anjou

« D'après le droit public européen, les couronnes de France et d'Espagne doivent être séparées; c'est tout l'esprit des traités d'Utrecht. Les traités d'Utrecht laissèrent, il est vrai, un Bourbon sur le trône d'Espagne, mais à la condition que l'Espagne et la France renonceraient à jamais à s'incorporer l'une à l'autre dans une même monarchie et sous une même couronne. » (Lettre de Lamartine au *Journal de Mâcon*, du 5 octobre 1846.)

———

La Gazette de France et les Bourbons d'Anjou

« Le traité d'Utrecht et les fameuses renonciations de Philippe V étaient subordonnés à l'établissement de la loi salique en Espagne. La loi salique et la renonciation étaient en effet corrélatives l'une de l'autre. Il fallait que les descendants mâles de Philippe V fussent assurés en Espagne de la couronne à laquelle Philippe V renonçait en France pour lui et pour ses descendants. Quand on a abrogé dernièrement la loi salique en Espagne, on a donc mis à néant le traité d'Utrecht; et, en privant les descendants mâles de Philippe V du droit héréditaire qui leur avait été garanti, on les a investis de toutes les prétentions auxquelles Philippe V avait conditionnellement renoncé; on a créé une seconde branche aînée en France. » (*Gazette de France* du 1er octobre 1816.)

Le Sang des Bourbons et les Bourbons d'Anjou en 1819.

« Aussitôt après le traité d'Utrecht, on crut communément en France que, si la famille royale venait à s'éteindre, l'aîné de la branche espagnole passerait sur le trône de France au préjudice de tous les princes du sang qui ne seraient pas issus en ligne directe de Louis XIV. On n'en fut pas moins convaincu que les deux couronnes ne seraient pas réunies sur la même tête. Lorsqu'au mois d'octobre 1728, Louis XV eut la petite vérole, le courrier ayant manqué un jour en Espagne, Philippe V supposa que le roi, son neveu, était mort. Il fit aussitôt assembler la Junte et déclara qu'il allait passer en France avec le second de ses fils, laissant la couronne d'Espagne à son fils aîné qui la préférait et qui fit sa renonciation en forme à celle de France dans la chapelle du Palais et en présence du maréchal de Brancas, ambassadeur à Madrid. Les ordres étaient donnés pour partir le lendemain; mais le courrier apporta au moment même du départ la nouvelle de la convalescence du roi Louis XV. » (LE SANG DES BOURBONS, *Galerie historique des rois et princes de cette Maison*, par Jacquelin, Paris, Egron, imprimeur de Mgr le duc d'Angoulême, 1819.)

La Presse et les Bourbons d'Anjou

« Les Tories veulent la paix; ils ne prétendent pas interdire sans raison l'exercice du droit le plus légitime; ils se contentent d'assurer le but des traités d'Utrecht en assurant la séparation de l'Espagne et de la France, comme ils l'ont fait en 1713. » (la *Presse* du 10 octobre 1816).

Le Journal des Débats et les Bourbons d'Anjou

« ... Lord Palmerston vient, paraît-il, dans une note à M. Guizot, de lui rappeler que le but du traité d'Utrecht a été d'empêcher la réunion sur une seule tête des deux couronnes de France et d'Espagne... Nous croyons qu'on abuse beaucoup depuis quelque temps du traité d'Utrecht. On le fait vivre ou mourir à volonté, selon les besoins de la discussion. Nous l'acceptons, quant à nous, dans les seules applications légitimes qu'il puisse avoir. Nous reconnaissons qu'il a eu pour but d'empêcher la réunion des deux couronnes sur une seule tête. » (*Journal des Débats* du 9 octobre 1816.)

Amédée Gabourd et les Bourbons d'Anjou

« La solution prise par l'Assemblée le 18 septembre 1789 fut un échec pour la faction qui poussait le duc d'Orléans au trône. La crainte seule d'une guerre avec l'Europe fit adopter par l'Assemblée l'amendement Target: *sans entendre rien préjuger sur l'effet des renonciations d'Utrecht.* » (*Histoire de France*, tome XVIII.)

De Riancey et les Bourbons d'Anjou

« Vendôme arrêtait les Impériaux à Villaviciosa et les mettait en pièces... Villars s'emparait de Bouchain en 1711. La France se relevait par des succès. On pouvait négocier à des conditions acceptables. L'Angleterre, en retour de la reconnaissance de la succession royale dans la ligne protestante et de la stipulation que les deux couronnes de France et d'Espagne ne se ralien pas réunies sur la même tête, admit la maison de Bourbon à Madrid. Les articles préliminaires furent signés... Les négociations s'ouvrirent à Utrecht... L'empire seul ne mettait pas bas les armes... Mais Villars remporta la victoire de Denain... La France était sauvée. Dès lors, la paix devint plus facile, elle fut signée le 11 avril 1713. C'est le traité d'Utrecht. La France y promit la séparation des deux couronnes de France et d'Espagne. » (*Histoire du monde*, tome X, pages 606-609.)

Le Conseil des ministres de Charles X et les Bourbons d'Anjou

« En sa qualité de représentant de la cinquième branche de la maison de Bourbon, le duc d'Orléans sollicita du roi une protestation solennelle de son gouvernement contre cette violation de la loi salique (par Ferdinand VII en 1830). Il rédigea un mémoire sur cette question, dont le Conseil des ministres fut saisi le 7 avril 1830. On décida que, *les deux couronnes ne pourront jamais être réunies sur la même tête*, il n'y avait pas lieu de protester au nom de la branche régnante (don Carlos, en étant exclu du trône d'Espagne par la pragmatique de Ferdinand VII, conservait en effet ses droits actuels à la couronne de France) en France, et qu'il suffisait que le roi adressât au monarque espagnol des observations à ce sujet. Le duc d'Orléans demanda alors au roi la permission de protester en son nom particulier, ce qui lui fut accordé. » (*Histoire de Louis-Philippe*, par Billault de Gérainville.)

Nettement et les Bourbons d'Anjou

A propos des mariages espagnols de 1846, M. Nettement écrit dans sa *Vie de Louis-Philippe* : « Louis-Philippe se flattait d'avoir un jour un de ses petits-fils régnant à Paris, un second à Madrid et le troisième à Bruxelles. » Ainsi les descendants de Louis-Philippe, qui ambitionnait toutes les couronnes de l'Europe pour sa progéniture, comme avait fait Napoléon pour la sienne, sans pour cela l'exclure de la maison de France, voudraient aujourd'hui qu'il n'y eût qu'une famille qui fût exclue de la couronne de son pays originaire, après avoir occupé un trône étranger pour le service de son pays; et cette famille, c'est celle des Bourbons.

Garnier Pagès et les Bourbons d'Anjou

Il parla en ces termes à la tribune de la Chambre des députés, le 1er février 1847 : « M. le Ministre des Affaires étrangères parle de traités. Je lui demande à lui-même : Y a-t-il dans ces traités délimitation de territoires, stipulation de commerce ou autres clauses, y a-t-il quelque chose qui ait survécu à la Révolution? Comment donc parler encore de ces traités, comme si les peuples appartenaient aux rois? Comment parler de ces traités, quand les autres puissances les respectent si peu? Comment donc parler du traité d'Utrecht? Mais alors il faut combler le port de Dunkerque, etc. » (*Agitation*)

Le duc de Noailles et les Bourbons d'Anjou

Dans son discours à la Chambre des pairs du 4 janvier 1841, M. le duc de Noailles parle des Bourbons d'Espagne, comme « faisant partie de la Maison de France ».

Louis-Philippe, M. Giraud et les Bourbons d'Anjou

En 1846, Louis-Philippe voulant marier le duc de Montpensier à la sœur de la reine Isabelle et les Anglais s'y opposant à cause des renonciations du traité d'Utrecht, Louis-Philippe chargea M. Charles Giraud, de l'Institut, de rédiger un ouvrage sur la question. Ce travail parut en 1847 sous le titre : *Le Traité d'Utrecht*. On y lit que « les princes signataires des renonciations n'avaient ni titre, ni droit pour arrêter envers leurs descendants la transmission des droits de succession qu'eux-mêmes n'avaient reçus de leurs ancêtres qu'à charge de transmission forcée à leurs descendants, conformément aux destinations prescrites par les lois du pays ».

« Nul n'a le droit ni heureusement le pouvoir de mettre ses héritiers en état d'incapacité généra'e et d'imprimer ainsi un caractère de mort civile à une série infinie de générations. Des clauses aussi exorbitantes sont forcément reléguées dans le domaine des clauses de style qui n'ont jamais été tenues pour obligatoires dans le droit commun des peuples civilisés de l'Europe. »

Le Pacte de Famille et les Bourbons d'Anjou

Le pacte de Famille est le nom donné au traité de 1761 dont le but était « d'unir dans un intérêt commun les rois de France, d'Espagne, des Deux-Siciles et le duc de Parme. Aucuns souverains, disent les stipulations, autres que les *princes de la Maison de Bourbon*, ne pourront être invités ni admis à accéder au *pacte de famille* ».

Louis XVIII et les Bourbons d'Anjou

Le duc de la Châtre soutenait un jour devant Louis XVIII la validité des renonciations de Philippe V. Louis XVIII combattit l'argumentation du duc et prouva que *la descendance de Philippe V était française.* (*Histoire de Louis Philippe Ier*, par M. A. Boudin.)

Les députés de 1820 et les Bourbons d'Anjou

Après l'assassinat du duc de Berry, on tourna les regards vers les Bourbons d'Anjou; *les députés s'en occupèrent dans la salle des conférences de la Chambre,* lorsque la nouvelle de la grossesse de Madame la duchesse de Berry ajourna toute délibération à ce sujet. (*Étude sur le Comte Paris et ses idées,* par de Recquem.)

Michaud et les Bourbons d'Anjou

L'illustre auteur de la *Biographie de Louis-Philippe* (1849) et rédacteur en chef de la *Quotidienne* termine ainsi sa Préface : « Après avoir tourné si longtemps dans le cercle des révolutions, ne serait-il pas possib'e que nous revinssions un jour à la monarchie héréditaire? Dans ce cas, certainement, il serait injuste de priver la famille d'Orléans de ses droits successib'es ; mais il nous semble que ces droits sont bien éloignés, puisque la branche aînée est représentée par un jeune prince, p'ein de vie et d'espérances, et que, s'il venait à mourir sans postérité, celle de Philippe V est loin d'être éteinte. »

Elias Regnault et les Bourbons d'Anjou

Pour faire suite à l'*Histoire de dix ans* (1830 à 1840) par Louis Blanc, Elias Regnault publia l'*Histoire de huit ans* (1840 à 1848). Nous citons le passage suivant à propos des mariages espagnols (tome III, pages 165 à 167) : « Lord Palmerston se plaignait avec bruit et l'opinion publique s'unissait à ses colères. Les journaux, aussi bien que les notes diplomatiques, contenaient de longs commentaires sur le traité d'Utrecht, dont chacun des articles était discuté avec une importante arrogance... M. Guizot et ses agents, soit dans la diplomatie, soit dans la presse, pouvaient d'un seul mot réduire à néant ces savantes dissertations. Quelle était après 1789, après l'Empire, après 1830, la valeur du traité d'Utrecht ? (Garnier Pagès, à la tribune, développa le même argument.) Mais cette fière réponse était trop vive pour leur tempérament. La discussion d'ailleurs était facile pour eux, et les arguments ne leur faisaient pas défaut. Il est évident en effet que le but principal de la *Guerre de succession*, comme le but principal du traité d'Utrecht, était d'empêcher la réunion éventuelle des deux couronnes de France et d'Espagne sur une même tête. La France et l'Espagne s'étaient donc engagées à établir l'ordre de succession respectif des deux maisons, de façon que jamais un Roi de France ne pût de son chef régner en Espagne, ni un Roi d'Espagne régner de son chef en France. De là vinrent les négociations personnelles de Philippe V d'une part, des ducs de Berry et d'Orléans d'autre part. De sorte que si l'un d'eux ou de leurs descendants était appelé au trône d'un des deux pays, il renonçait aux droits successifs qu'il pouvait avoir sur le trône de l'autre pays. C'était donc pour chaque branche une renonciation aux droits personnels. Mais ces renonciations ne voulaient pas dire qu'il y eût pour les descendants, par exemple du duc d'Orléans, une incapacité radicale d'arriver jamais au trône d'Espagne (et de même pour les descendants de Philippe d'Anjou d'arriver au trône de France)... L'union des deux couronnes sur une même tête, voilà tout ce que le traité d'Utrecht voulait et pouvait empêcher. »

Le Journal de Commerce et les Bourbons d'Anjou

Le *Journal de Commerce* du 11 juillet 1835 dit à propos de la polémique des journalistes royalistes contre les *Débats* et autres journaux orléanistes : « Les orléanistes trouvent fort mauvais que, pour détruire les droits éventuels de Louis-Philippe, le parti légitimiste ait suscité en don Carlos un candidat royal qui a sur lui l'avantage de descendre de Louis XIV... Sur le terrain où ils se placent, le *Journal des Débats* et autres ne sont pas des adversaires bien redoutables pour la *Gazette de France* et la *Quotidienne*. »

Charles X, le marquis de Brézé et les Bourbons d'Anjou.

A la Chambre des pairs, le 6 janvier 1841, M. le marquis de Brézé s'exprima ainsi : « En 1830, étant grand-officier de la maison du roi, j'ai su comme tous mes collègues que Charles X avait dit au chef de la maison d'Orléans en lui parlant des événements survenus en Espagne : « Mon cousin, ces « événements vous touchent encore plus di-« rectement que moi. »

Le 4 janvier, il s'était déjà écrié à la même Chambre des pairs : « M. le vicomte de Saint-Priest, notre ambassadeur à Madrid, protesta contre le testament qui changeait l'ordre de succession. Cette protestation ne fut pas la seule. Le duc d'Orléans, *dont les intérêts de famille se trouvaient particulièrement compromis par ce changement de succession en Espagne* (l'abolition de la loi salique en Espagne par Ferdinand VII), demanda au roi Charles X la permission de protester en son nom privé, et je puis vous certifier que cette demande obtint l'entier assentiment du roi. »

Dupin aîné en 1824

Dans son *Traité de l'Apanage de la maison d'Orléans*, M. Dupin aîné écrit : « La couronne se transmet par la loi du royaume et non par la volonté et le caprice de l'homme; à la mort de chaque roi, son successeur légitime est roi par la seule force du droit et sans qu'il puisse y être préjudicié. »

Le Duc de Broglie et le traité d'Utrecht

Le 19 janvier 1847, le duc de Broglie s'exprima ainsi à la Chambre des pairs : « Quel était le but du traité d'Utrecht? Que voulait-il? Que les deux couronnes de France et d'Espagne ne fussent pas réunies sur la même tête. Mais aucune stipulation du traité n'a dit que, s'il naissait des héritiers d'un mariage d'un prince français et d'une princesse espagnole, les héritiers de ce mariage seraient exclus de la succession. Le cabinet anglais prétend que le traité d'Utrecht a voulu empêcher une union trop intime entre la France et l'Espagne, et empêcher par exemple que le père fût sur le trône de France, tandis que le fils serait sur le trône d'Espagne. Or, si le traité d'Utrecht a voulu empêcher cela, il faut avouer qu'il a bien manqué son but, car il a précisément sanctionné un tel état de choses. Louis XIV régnait en France et son petit-fils régnait en Espagne ». (*Mouvement*)

Le Duc de Noailles en 1847

Le 19 janvier 1847, à la Chambre des Pairs, le duc de Noailles s'écria : « En abandonnant la Pragmatique de Philippe V, de 1713, on a sacrifié ce qui faisait le complément du traité d'Utrecht. »

Les Légitimistes de 1815 à 1830

«... A part ceux qui lui étaient communs avec l'opposition, Louis-Philippe avait contre les royalistes purs de personnels et plus particuliers griefs, et l'histoire impartiale est obligée de reconnaître que, dans une certaine mesure, ceux-là étaient réels. Il lui fallait incessamment se défendre contre les entreprises multipliées et de plus d'un genre du parti de l'émigration. Cette phalange, imbue à l'égard de la branche cadette de préventions invétérées et d'un fiel incurable, puisait encore dans sa haine, avec une vue instinctive de l'avenir, un surcroît d'aversion. Son hostilité s'était accrue aux chances que la mort du duc de Berry ajoutait à la possibilité de l'avènement des d'Orléans. *Il règne beaucoup d'obscurité sur les projets qu'on machinait alors contre le chef de la branche cadette* pour l'écarter du trône, mais *leur réalité est incontestable.* Dans ce milieu ulcéré et implacable, il paraît qu'il n'était question de rien moins que d'obtenir, pour cause *d'indignité,* l'exclusion du trône du fils de Philippe-Égalité (la cause d'indignité et des renonciations des d'Orléans, en 1793, sont bien plus soutenables que les renonciations de 1713), au cas où l'ordre de la naissance viendrait à l'appeler à la couronne.

...Un second parti de légitimistes considérait comme *nulles* les renonciations d'Utrecht, et voulait décerner la couronne à *l'un des nombreux descendants du duc d'Anjou.* Les choses furent même poussées *si loin dans ce sens* que des démarches avaient été faites à l'effet d'appeler en France, pour y achever son éducation, le jeune prince héréditaire de Lucques. Cette précaution prévenait et écartait d'avance, par une sorte de naturalisation, toute objection d'extranéité. On ne saurait méconnaître la *gravité* de ces intrigues et leur *danger véritable* eu égard à la fragilité de l'obstacle, qui séparait du trône de France la branche cadette des Bourbons.

A un certain degré, Louis-Philippe n'était donc pas répréhensible de rechercher, pour combattre ces menées, l'appui de l'opposition, etc. » (*Histoire de Louis-Philippe,* par Billault de Gérainville, tome II, pages 265-267. Paris 1871.)

Louis-Philippe, son Conseil des ministres et le traité d'Utrecht.

En 1846, Louis Philippe voulut marier son fils Montpensier à la sœur de la reine Isabelle. Or, ce mariage devait donner des droits éventuels à la couronne d'Espagne à Montpensier qui en avait déjà au trône de France, alors qu'en 1713 les Bourbons d'Orléans, comme ceux d'Anjou, avaient dans le traité d'Utrecht fait le genre de renonciations que l'on sait. Lord Palmerston essaya d'empêcher le mariage en invoquant les renonciations. Mais au nom de Louis-Philippe et du conseil des Ministres, Guizot, ministre des affaires étrangères, échangea de nombreuses dépêches avec le cabinet anglais, et attribua aux renonciations le seul objet que les puissances avaient voulu atteindre et leur destiner, la séparation perpétuelle des deux couronnes. Nous lisons dans sa dépêche du 5 octobre 1846 : « Le traité d'Utrecht et les règles qu'il a instituées pour la succession à la couronne d'Espagne l'ont été dans l'intérêt de la paix et de l'équilibre européen... Le double but hautement reconnu et proclamé de ce traité fut 1° d'assurer la couronne d'Espagne à Philippe V et à ses descendants ; 2° d'empêcher que l'union des couronnes de France et d'Espagne sur la même tête fût jamais possible. Il suffit de rappeler les négociations qui ont précédé le traité et d'en lire l'article 7 pour demeurer convaincu que tels en sont réellement le sens et la pensée. Or, par le mariage de l'infante avec Mgr le duc de Montpensier, la couronne ne sortira pas de la maison de Philippe V et de ses descendants, et les deux couronnes de France et d'Espagne demeureront séparées. »

Nous lisons dans une autre dépêche de Guizot, en date du 11 octobre 1846 : « Je vous ai dit, dans ma dépêche du 5, quel était le véritable caractère du traité d'Utrecht. Les auteurs du traité voulaient d'une part assurer le trône aux descendants de Philippe V, de l'autre prévenir la réunion sur une même tête des couronnes d'Espagne et de France. C'est là, par conséquent, ce qui détermine le vrai sens et la portée légitime des renonciations... Ces renonciations ne sauraient s'étendre et ne s'étendent point en effet au-delà de ce but. »

M. Guizot et les Bourbons d'Anjou

Dans ses *Mémoires,* M. Guizot comprend dans l'expression de *Maison royale de France* les princes de la Maison d'Anjou.

La duchesse de Berry et les Bourbons d'Anjou

Mme la duchesse de Berry, ayant reçu un livre consacré à la défense des droits de la maison d'Anjou, adressa à l'auteur cette lettre datée du 4 mars 1851 :

Goritz, 4 mars 1851.

« J'ai reçu, Monsieur, votre *Traité des droits directs éventuels des Bourbons d'Espagne, de Naples et de Parme*. En écrivant cet ouvrage, dont j'apprécie toute l'importance, vous avez été inspiré évidemment autant par vos sentiments de justice que par la fidélité héréditaire de votre famille à la cause légitime. L'autorité de vos recherches doit appeler l'attention publique sur des droits incontestables qui, tout réels qu'ils sont, étaient jusque-là mal connus ou repoussés avec légèreté par préjugés et ignorance. Selon vos désirs, j'ai envoyé un exemplaire à mon fils ; il le lira certainement avec grand intérêt, et, comme moi, sera sensible à cette œuvre d'un bon français.

« Recevez mes remerciements et croyez à toute mon estime et affection.

« MARIE-CAROLINE. »

La Revue britannique et la Maison d'Anjou

En mars 1836, cette Revue dit du chef de la maison d'Anjou d'alors :

« Ce petit fils de Louis XIV n'a pu s'empêcher de réfléchir que la vie du jeune duc de Bordeaux est fragile, que le duc d'Angoulême et Charles X sont avancés en âge, et que ses droits héréditaires à la couronne de France peuvent devenir, tôt ou tard, le drapeau de la légitimité, etc. »

Les orléanistes et la Maison d'Anjou 1885

Si les orléanistes disent impudemment que le comte de Paris est l'héritier légitime de M. le comte de Chambord, au fond ils sont persuadés du contraire et un grand nombre le confessent hardiment dans l'intimité ; quelques-uns même l'ont déclaré publiquement et il convient de signaler parmi eux un journal philippiste, *le Mémorial d'Amiens*, qui écrivait ces lignes dans le numéro du 1er septembre 1885 :

« Nous avons dit l'autre jour que des *Prétendants*, dont les partisans entrent en lice à l'occasion des prochaines élections générales, aucun ne repousse le principe de la souveraineté du peuple. On nous fait observer que cette affirmation s'applique, en effet, aux Maisons Bonaparte et d'Orléans, dont les princes, s'appuyant sur des titres divers, sont prêts à se soumettre les uns et les autres aux suffrages populaires, mais nullement aux princes de la branche aînée de Bourbon. La Maison d'Anjou, défendue par *le Droit monarchique* et le *Journal de Paris*, personnifie, en sa qualité de descendante directe de Louis XIV, le droit salique héréditaire qui confère le trône de mâle en mâle et par ordre de primogéniture au plus proche parent du roi défunt. Elle représente donc seule, aujourd'hui, le principe de la légitimité, en même temps que la politique du comte de Chambord et le maintien du drapeau blanc. »

Henri V et les Bourbons d'Anjou

Il est arrivé plusieurs fois au comte de Chambord, dans des conversations particulières, de reconnaître les droits des Bourbons d'Anjou qui vivaient tous d'ailleurs dans son intimité, avaient table ouverte à Frohsdorf et y tenaient souvent des conciliabules dans le but de remonter sur les trônes de Naples, de Parme, de Modène, d'Espagne et de France.

Nous avons connu dans l'arrondissement de Cholet le gendre du général vendéen de Bonchamp, M. le comte de Bouillé. Le comte de Chambord lui avait déclaré confidentiellement que les Bourbons d'Anjou étaient ses héritiers légitimes.

D'après le récit d'un visiteur de Frohsdorf, l'avis personnel du prince était positivement que les d'Orléans, en rentrant (1873) dans la Maison de France, n'y reprenaient que leur rang. « Leur rang ! reprit l'interlocuteur, vous insistez bien sur le mot, sire ; M. le comte de Paris n'est-il donc pas le premier après vous ? » « Non », répartit le comte de Chambord, en changeant brusquement la conversation.

Après l'acte de soumission de 1873, il y eut un incident appelé l'incident des toasts, qui fut imprudemment soulevé par M. Tristan Lambert, lequel Lambert voulait préjuger la question de succession par l'insinuation des vivats. Le comte de Chambord s'y opposa en ordonnant à ses représentants altitrés de se tenir désormais à ce sujet sur la plus grande réserve.

C'est par ordre aussi que le journal *la Civilisation* dut cesser la campagne qu'elle faisait dans le même temps en faveur d'un dauphin orléaniste, sous prétexte de rallier les deux partis.

Chaque jour ou plutôt chaque mois amène le témoignage des hommes les plus honorables et qui ont le plus vécu dans l'intimité du comte de Chambord ; tous témoignent, qu'aux yeux du prince, la question de son successeur devait être décidée en France et par la France.

Quant à ses écrits, quant à ses actes, le comte de Chambord a prouvé, autant que le permettaient sa politique et la dure nécessité d'amadouer les d'Orléans, qu'il était pour les Bourbons d'Anjou.

En 1857, le duc de Nemours fit auprès de lui une démarche pour l'amener à se prononcer en faveur du comte de Paris. Le comte de Chambord lui répondit : « Je crois *toujours* à l'inopportunité de régler aujourd'hui, et avant le moment où la Providence nous en imposerait le devoir, des questions que résoudront les intérêts et les vœux de notre patrie. Ce n'est pas loin de la France et sans la France qu'on peut disposer d'elle. »

Cette réponse était très adroite. Si avec le concours des d'Orléans le comte de Chambord avait pu reprendre la couronne de France, il aurait été entouré aux Tuileries des princes de la maison d'Anjou qui auraient été considérés dans toute la France comme des princes aussi exclusivement français que les d'Orléans, et il n'aurait pas été difficile de faire décider par la France, par ses chambres, que les Bourbons d'Anjou, qui vivaient en France, à la cour et autour du trône, étaient par droit de mâle en mâle et par ordre de primogéniture les héritiers légitimes du comte de Chambord.

Dans un manifeste ultérieur, le comte de Chambord s'écria : « Français, ma naissance m'a fait votre roi. » En parlant ainsi, il faisait allusion à la loi fondamentale salique, à l'hérédité de mâle en mâle, par ordre de primogéniture. Il savait que, par cette loi fondamentale, le prince appartient au peuple et non la France au prince, et il écrivit encore : « La France sait que je lui appartiens. Je ne puis oublier que le droit monarchique est le patrimoine de la nation. » C'est pourquoi, dans son testament, il a gardé le silence sur la question d'hérédité, cette question étant réglée par le principe héréditaire, le droit royal qui est le patrimoine de la France.

Après 1873, l'évêque Dupanloup crut devoir donner des conseils au comte de Chambord. Celui-ci lui répondit pour tracer la ligne du devoir aux vrais légitimistes : « Vous semblez, lui écrivit-il, attribuer à des scrupules chimériques, dont Dieu me demandera compte, l'insuccès des efforts si souvent renouvelés pour amener un rapprochement entre les deux branches de ma famille. J'ai beau descendre au fond de ma conscience, je ne trouve pas un jour, une heure dans ma vie, où mes prétendues exigences aient apporté un obstacle sérieux à une réconciliation sincère. Sans prétention ni rancune contre les personnes, mon devoir était de *conserver, dans son intégrité, le principe héréditaire dont j'ai la garde.* »

Voilà ce que le comte de Chambord répondait à la faction d'Orléans qui voulait lui faire reconnaître, au moyen des intrigues de la fusion, M. le comte de Paris pour *prince héréditaire.*

Quant à l'entrevue du 7 juillet 1881, M. Huet du Pavillon, exécuteur testamentaire du roi, en a donné la signification quand il a écrit « qu'Henri V a eu *pour unique intention* de montrer comment un Bourbon doit pratiquer la loi évangélique du pardon, avant de paraître au tribunal de Dieu ». De même, dans l'entrevue de 1873, en pardonnant aux d'Orléans, il ne leur avait permis que « de reprendre dans la Maison de France le rang que leur assigne leur naissance ». Et ce rang, encore une fois, c'est celui que, conformément à ses suprêmes volontés, dictées au moment de comparaître devant son Dieu, Madame la comtesse de Chambord leur a réservé derrière son char funèbre après les Bourbons d'Anjou ! 'Cest le trentième.

POST-SCRIPTUM

Dans une édition ultérieure, nous multiplierons nos citations de documents. Nous publierons entr'autres :

M. d'Haussonville et les traités d'Utrecht.
Michelet et les Bourbons d'Anjou.
Poujoulat et les Bourbons d'Anjou.
Le marquis de Torcy et les Bourbons d'Anjou.
Les historiens Tarje et de Saint-Philippe et le traité d'Utrecht.
De Vitrolles, la duchesse d'Angoulême, Charles X et de Chateaubriand.
Le marquis de Villeneuve et les Bourbons d'Anjou en 1839.
1811, 1815 et M. de Serelinges.
Le Drapeau blanc de 1820 et les Bourbons d'Anjou.
Nettement et les Bourbons d'Anjou.
L'abbé de Védrenne et les Bourbons d'Anjou.

Nous publierons aussi les noms des 29 Bourbons mâles, actuellement vivants.

PARIS. — IMPRIMERIE TREICHE, RUE CASSETTE, 17.